WAC BUNKO

美しく、強く、成長する国へ。

私の「日本経済強靭化計画」

高市早苗

WAC

美しく、強く、成長する国へ。
私の「日本経済強靭化計画」

◉目次

装幀　須川貴弘（ＷＡＣ装幀室）

序章

日本よ、美しく、強く、成長する国であれ！

今を生きる世代の責任

「昭和36年（1961年）3月7日、女の子誕生。内閣総理大臣は池田勇人」という書き出しで始まる母の『育児日記』には、日々成長していく私の仕草に一喜一憂する母の様子、幼少期には病弱だった私をおぶって夜中に近所の病院を走り廻る両親の姿、若かった父の少ない給料の大半が私の病院代に費やされていたこと、当時の生活用品物価や世の中の出来事などが詳細に記されている。

私は、父はメーカー勤務、母は奈良県警勤務という、ごく平凡な共働き家庭で育った。決して裕福ではなかったが、私が生まれる前年に自民党総裁に就任された池田勇人総理は『所得倍増計画』を掲げ、日本は高度経済成長期の真っ只中だった。

高度経済成長期は長く、1973年に発生した第1次石油ショックまで続いた。両親は懸命に働き、新しいもの好きだった父は、給料やボーナスを頂いた日には、カラーテレビやステレオ、新型の洗濯機、発売されたばかりの電子レンジなどの家電製品を次々に買ってきた。働けば生活が快適に便利になることを体感でき、明るく元気な時代だった。

現在の日本は、新型コロナウイルス感染症との闘い、気候変動による風水害や土砂災害の多発、地震の頻発、国防リスクの増大、国内外におけるテロの脅威、サイバー攻撃の急増、経済安全保障上の多様なリスク、資源エネルギー制約、少子高齢化に伴う労働力人口の減少と社会保障費の増加など、様々な課題に直面している。

しかし、私は、日本人が大切にしてきた価値を再興するとともに、あらゆるリスクを最小化する為に先見性をもって迅速に対策を講じ、絶え間なくイノベーションが起きる環境作りを実行することによって、多くの課題は克服できると確信している。

日本人の素晴らしさ

「日本人が大切にしてきた価値」とは何なのか、と思われる方も居られるだろう。

例えば、ご先祖様に感謝し、食べ物を大切にし、礼節と公益を守り、しっかりと学び、勤勉に働くこと。困っている方が居られたら、皆で助けること。そして、常に「今日よりも良い明日」を目指して力を尽くすこと。

かつては家庭でも当たり前に教えられてきた価値観が、近年まで称賛された日本の治安の良さや国際競争力の源泉だったのだろうと考えている。


幕末以降に来日した外国人が書き残された当時の日本の姿からも、日本人の本質が見えてくる。

先ず、E・S・モースの『日本その日その日』の記述だ。

「衣服の簡素、家庭の整理、周囲の清潔、自然及びすべての自然物に対する愛、あっさりして魅力に富む芸術、挙動の礼儀正しさ、他人の感情に就いての思いやり…これ等は恵まれた階級の人々ばかりでなく、最も貧しい人々も持っている特質である」

次に、H・シュリーマンの『シュリーマン旅行記』の記述だ。

「この国には平和、行き渡った満足感、豊かさ、完璧な秩序、そして世界のどの国にもましてよく耕された土地が見られる」「日本人は工芸品において蒸気機関を使わずに達することのできる最高の完成度に達している」「教育は、ヨーロッパの文明国家以上にも行き渡っている。（中略）アジアの他の国では女たちが完全な無知の中に放置されているのに対して、日本では、男も女もみな仮名と漢字で読み書きができる」

　そして、シーボルトの『江戸参府紀行』の記述だ。

「日本の農民は驚くほどの勤勉さを発揮して、岩の多い土地を豊かな穀物や野菜の畑に作りかえていた。深い溝で分けられている細い畝《うね》には、大麦・小麦・菜種や甜菜の仲間、芥菜・鳩豆・エンドウ豆・大根・玉葱などが1フィートほど離れて1列に栽培されている。雑草1本もなく、石1つ見当たらない。（中略）旅行者を驚かす千年の努力と文化の成果である」

　大自然への畏敬の念を抱きながら勤勉に働き、懸命に学び、美しく生き、国家繁栄の礎を築いて下さった多くの祖先の歩みに、感謝の念とともに喜びと誇らしさを感じずにはいられない。


　現在においても、126代も続いてきた世界一の御皇室を戴き、優れた祖先のDNAを受け継ぐ日本人の素晴らしさは、本質的に変わっていないと感じている。

　2011年に日本を襲った東日本大震災と東京電力福島第一原子力発電所の事故、相次ぐ自然災害によって大きな悲しみと苦しみの中に置かれた被災地の方々が、極限の状況下でも他者を思いやり秩序を保っておられた見事な振る舞いは、国際社会でも驚嘆と感動をもって受け止められてきた。

そして、天皇皇后両陛下（現在の上皇上皇后両陛下）と御皇族が先頭に立って被災者の痛みに寄り添われ、自らの御身よりも国民を愛し大切にして下さる御姿に、多くの国民が励まされ、それぞれに自分ができる支援を続けていく決意をした。

2020年1月以降、世界中の人々が新型コロナウイルス感染症の拡大に苦しみ、各国でロックダウンなど強制的な対応が行われ、一部の国では反発する人達による大規模デモや破壊行為を伴う暴動、エッセンシャルワーカーの職場放棄などが報じられた。

日本では、ロックダウンを可能にする法律が無い中で、殆どの国民がマスクを着用し、手洗いや消毒など清潔を心掛け、厳し過ぎる経営状況の中でも多くの事業者が時短営業や休業に協力して下さっている。医療、福祉、教育、流通、運輸、消毒、行政をはじめ様々な分野の多くの方々が、感染リスクに晒《さら》されながらも国民の生命と暮らしを守る為に激務に耐えて働き続けて下さっている。本当に凄い国だと思う。

天皇皇后両陛下は、感染症によって最愛の御家族を亡くした方々の悲しみと苦悩に御心を寄せて下さり、感染症の専門家をお招きになっては上奏をお受けになり、国民の健康と早期の感染症収束を祈り続けて下さっている。

自信と誇りを忘れずに

２００８年に、ベネズエラ・ボリバル共和国のセイコウ・ルイス・イシカワ特命全権大使と昼食をご一緒したことがあった。

当時のベネズエラでは、チャベス大統領が米国のブッシュ大統領を公然と批判し、米国主導のＦＴＡＡ（南北アメリカ大陸全体の自由貿易圏構想）に対抗してＡＬＢＡ（中南米統合構想）を提唱したり、イランやロシアや中国と関係を深めたりと、米国との外交関係は悪化していた。日本は、ベネズエラへの経済援助を行っており、良好な外交関係を維持していたが、ベネズエラの政治リーダーの中には、米国の同盟国である日本に対して良い感情を持たない方も居られるとのことだった。

お父上が沖縄県出身で日系であるイシカワ大使は、日本や日本人への愛情が深く、ベネズエラの政治家達に何とか日本の素晴らしさを分かってもらおうと努力して下さっていた。

ベネズエラの政治リーダーが来日された時には、温泉に連れて行くということだった。大使は、「日本人は、『格差社会』などと言っていますが、私から見ると、日本ほど平等な社会は無いと思うのです。温泉では、みんな裸で同じお風呂に入ります。日本の良さを知ってもらうには、温泉に案内するのが良いと思いまして」と話して下さった。そして、「日本人は、何故、日本に満足しないのでしょうか。こんなに平等で清潔で安全で豊かなのに……」と付け加えられた。

当時の国会論戦では、野党が「格差社会論」を展開して国民の不安を煽り、夢のようなバラマキ政策をアピールしていた。自民党が窮地に陥る中で与野党の「大連立構想」まで浮上しており、大使から「大連立構想」への賛否を問われた。私は、一部野党左派議員のイデオロギーとは相容れない旨を話した。すると、大使は、「私から見ると、日本の民主党左派も社民党も、自民党と大差の無い『保守』だと思うのです。日本では、イデオロギーの対立は殆ど無いように見えます」とひと言。確かに日本は「イデオロギー対立による命懸けの革命が無い国」であり、それが如何に恵まれたことなのかということを改めて教えていただけた貴重な時間だった。

私は、大学4年生の夏に「経営の神様」と呼ばれていた松下幸之助氏（現パナソニックの創始者）に出会い、大学卒業後の5年間、薫陶《くんとう》を賜る機会に恵まれた。松下幸之助氏の遺稿に、大好きな一節がある。

「春があって夏があって、秋があって冬があって、日本はよい国である。自然だけではない。風土だけではない。長い歴史に育《はぐく》まれた数多くの精神的遺産がある。その上に、天与のすぐれた国民的素質。勤勉にして誠実な国民性。日本はよい国である。こんなよい国は、世界にもあまりない。だから、この国をさらによくして、みんなが仲よく、身も心もゆたかに暮らしたい。よいものがあっても、そのよさを知らなければ、それは無きに等しい。もう一度この国のよさを見直してみたい。そして、日本人としての誇りを、おたがいに持ち直してみたい。考え直してみたい」

1人の日本人として、美しい祖国への自信と誇り、先人への感謝の気持ちを忘れずに、国家の繁栄と国民の皆様の幸せに貢献できるよう、全てを捧げることを誓う。

日本と日本人の底力を信じて

長年のデフレと世界的な産業構造転換の中で、日本の産業競争力の低下や経済の見通しについては、若者が未来に夢を抱けない程に厳しいものとして伝えられているが、日本は今も強みがある技術分野を多く持っており、第2章において数例を示す。

イグレックの八剱《やつるぎ》洋一郎理事は、「日本は、ソフトは絶望的だが、ハードは圧倒的品質で、耐久性も高い。これから自動車もロボットもセンサーが命だが、縦横斜めの6軸センサーの性能は圧倒的だ。大気圧センサーも、日本のものは誤差10センチで、角度0・2度のブレが分かるセンサーだ。こういうセンサーを作って実装しているのが日本の強みだ」「これからEVが登場し、信頼性が大事ということになる。高品質・高耐久性が求められるようになるので、日本の部品にとって追い風だ」と、分かりやすく例示して下さった。

これまでに、国際市場で闘う多くの経営者や海外で活躍中の研究者からお話を伺った。

「日本列島の隅々まで光ファイバ網が張り巡らされ、世界トップ級の整備率を誇りながら使いこなせておらず、デジタルが本当に弱い」「3Dの普及率が低く、未だにメーカーから貰う図面の7割が平面データだ」「高度人材の育成が遅れている」「日本では、研究開発から社会実装までの長期的で大規模な資金的サポートが得られない」など、様々な課題についてご指摘を賜《たまわ》った。

いずれも、国家経営のトップが明確な国家経営理念と強い信念をもってリーダーシップを発揮し、産学官が連携して本気で取り組めば、克服できることばかりだ。

日本は、必ず「強靭《きょうじん》な経済」を実現できる。それは「社会保障制度の安定性と継続性」を確保することに直結する。全世代の安心感を創出することは、消費マインドの改善に繋がり、更に日本の活力を生み出す。

私は、日本と日本人の底力を信じている。

かけがえのない生命を守ることが最も重要

新型コロナウイルス感染症や治療困難な疾病、相次ぐ災害、突然の事故、卑劣な犯罪などによって、大切な御家族を亡くされた方々の深いお悲しみに思いを致し、心よりお悔やみを申し上げる。私自身も同じなのだが、何年経っても家族を亡くした悲しみや淋しさは癒えるものではない。

私は、度々「リスクの最小化」という言葉を発しながら、将来に起こり得る最悪の事態を想定して、被害を未然に防止する為の法制度整備にチャレンジしてきた。

特に「生命を守る為に必要な政策」については、どんなに反対の声が多くてもマスコミに叩かれても、拘り続けてきた。

私の故郷である奈良県では、お寺や神社の境内や駐車場をお借りして開催される盆踊りが多い。あるお寺の御住職が、盆踊りの参加者に対して「7代前までのご先祖様の霊をお慰めする気持ちで踊って下さいね」と呼びかけられたことがあった。

7代前までというと、直系のご先祖様だけでも254人も居られる。全てのご先祖様が、無事に生まれて大人になり、配偶者に出会うことができ、子宝にも恵まれ、その子供が大病もせずに無事に大人になり……という信じ難い程の幸運が続いて、やっと私達は生まれてくることができたのだ。自分の生命も他人様の生命も、多くのご先祖様が奇跡的に繋いで下さった尊く重いものだと、改めて胸に刻んだ夏だった。

東日本大震災発生の数年後に出版された『がれきの中で本当にあったこと』（産経新聞出版）という本を読んだ。産経新聞の記者達が東日本大震災の被災地を駆けずり回って取材された事実の中から、人間の生き様や死に様に関する48のエピソードを纏《まと》めた本だ。既に結婚してご両親と離れて住んでおられた女性が、実家を訪れた折にご両親と短い会話を交した。その10日後に大震災が発生し、ご両親は亡くなってしまった。「父が何を言ったのか覚えていない。母の言葉もひと言だけ。あまりにもふだんの会話だったから。きちんと覚えておけばよかった。もっと会って話をすればよかった」「当たり前に思っていたことが、身近すぎることが、幸せなことだった」生きたかったのに生きられなかった多くの方々の無念。大切な人を失った方々の悲しみ。生かされていることに感謝しながら、家族や御縁を頂いた方々を大事にして、毎日を全力で生きていかなければ、余りにも申し訳ないことだと思った。

日本を守る責任。未来を拓く覚悟。

冒頭からエッセイ本のようになってしまったが、本書では、今を生きる全ての世代の方々とこれから生まれてくる子供達の為に、祖先から託された愛する日本を守り、未来を拓《ひら》く上で、不可欠な取組だと確信している政策を幾つか示した。

私は、「日本を守る」為に、自然災害やサイバー攻撃、テロや凶悪犯罪、国防や経済安全保障上の脅威など様々な「リスクの最小化」に向けた対策の強化に、最優先で取り組み続ける。

私は、「未来を拓く」為に、雇用と所得の拡大にも繋がる「成長投資」「危機管理投資」「人材力の強化」とともに、「全世代の安心感創出」に資する施策を力強く実行し、日本の持続的成長と豊かな地方経済への道を拓いていく。

国の制度設計については、基本的には、「行き過ぎた結果平等」を廃し、「機会平等」を保障するべきだと考えている。

税制でも教育でも、ジェラシーに立脚した法制度が増え過ぎると、優れた人材も企業も育たない。むしろ、「リスクをとって努力した者が報われる環境作り」「出る杭《くい》を伸ばす発想への転換」こそが、可処分所得を増やし、人材流出を防ぐ鍵だと確信する。

また、日本人の矜持《きょうじ》である「自立と勤勉の倫理」を取り戻し、法制度執行の「公正性」

を担保し、「正直者が報われる社会」を構築することを目標とする。

一部の方が「自分さえ得をすればいい」『今さえ良ければいい』という考え方で行動されることによって、社会コストは増大し、頑張って義務を果たしておられる個人や企業のモチベーションが下がり、経済は縮小してしまう。国民全体にとって必要な社会保障の財源が不足する結果になりかねない。

ただし、経済成長により雇用と所得を増やすこと、セーフティネット機能を確保することを前提にするものだ。

勿論、コロナ禍の現在は、多くの個人や企業が大変な苦難の中に居られる。このような時期には機動的な財政出動をして、生命と暮らしと事業主体を守り抜くべきだ。


これまで、衆議院議員としては、日本が直面する可能性があるリスクについて、早期に情報収集と分析を行い、「備えとしての法整備」の必要性を訴えながら、数多くの議員立法作業に取り組んできた。その実績には、自信と誇りを持っている。

また、内閣の一員である期間は、議員立法案の提出権は無いが、年を重ねて様々な経験をする中で、「自分が生活者として困ったこと」や「出会った方々がお困りのこと」を解決するべく、新しい政策を考案し、政府の施策に仕上げて実行してきた。これは、「主権者の代表」としての大切な務めだと考えている。

これからも、「信念」を持って政策を構築し、力強く「実行」していく。

日本の国は、今を生きている私達だけのものではない。

長い歴史の中で、田畑を耕し、産業を興し、地域社会と伝統文化を育み、時には尊い命を懸けて美しい国土と家族を守って下さった祖先達の国でもある。そして、これから生まれてくる子供達の国でもある。

一時代をお預かりしている私達には、偉大な祖先から受け継いだ精神文化と財産を守り抜き、「美しく、強く、成長する国」を創り、次世代の為に「確かな未来」への道を拓く責任がある。

政治は、日本と郷土の行方を決める大切な役割を担っている。その政治を動かし支えるのは、主権者たる国民の皆様のご意志だ。私達1人1人が高い志と深い知識を持ち、為すべきことを為すならば、正しい経綸への潮流が生み出され、必ずや日本はもっと良い国になる。多くの皆様と共に行動してまいりたい。

第1章

私の『日本経済強靭化計画』とは

――「サナエノミクス」の提案

危機管理投資と成長投資を優先

私は、国の究極の使命は、「国民の皆様の生命と財産を守り抜くこと」「領土・領海・領空・資源を守り抜くこと」「国家の主権と名誉を守り抜くこと」だと考えている。

そして、「日本全国どこに住んでいても、安全に暮らすことができ、必要な福祉や医療、質の高い教育を受けることができ、働く場所がある」――そんな地方を増やしていくことが、「リスクの分散」と「日本の持続的成長」に繋がると確信している。

国がその使命を果たす上で必要なことは、トップが先見性をもって「リスクの最小化」と「全世代の安心感創出」に必要な法制度整備を断行することである。また、それとともに、大胆な「危機管理投資」と「成長投資」を行うことである。

「危機管理投資」とは、自然災害や疾病、サイバー攻撃や機微技術流出を含む経済安全保障上の課題、テロ、国防上の脅威など様々な「リスクの最小化」に資する研究開発の強化、人材育成、安全と安心を担保できる製品・サービスの開発や社会実装、重要物資の調達などに資する財政出動や税制措置を行うことだ。

「成長投資」とは、日本に強みのある技術分野を更に強化し、新分野も含めて、研究成果の有効活用と国際競争力の強化に向けた戦略的支援を行うことだ。

「危機管理投資」によって世界共通の課題を解決できる製品・サービス・インフラを生み出すことができた場合には、国際展開を行うことによって「成長投資」にもなる。

自然災害でもサイバー攻撃でも、事前の備えにかかるコストより、復旧にかかるコストと時間の方が膨大である。「危機管理投資」の恩恵は、これから生まれる未来の納税者にも及ぶものだ。

また、「危機管理投資」も「成長投資」も、雇用を生み、個人や企業の所得を増やし、消費マインドを改善させ、製品・サービスの輸出も見込めることから、結果的には税収増を目指すものだ。

「改革」から「投資」への転換

本書で提案する『日本経済強靭《きょうじん》化計画』を『サナエノミクス』と称すると少し間抜けな響きで残念だが、基本路線は『ニュー・アベノミクス』である。

第1の矢「金融緩和」、第2の矢「機動的な財政出動」、第3の矢「大胆な危機管理投資・成長投資」を総動員して、物価安定目標であるインフレ率2%の達成を目指すものだ。

日本銀行のイールドカーブ・コントロール（長短金利操作）政策の下で、残存期間10年の国債の利回りをゼロ近傍に固定している状況では、「金融緩和」のみに頼って物価安定目標を達成することは極めて困難であることから、大規模な財政出動も含む第3の矢「大胆な危機管理投資・成長投資」は重要な位置付けとなる。

『アベノミクス』の第3の矢は、「民間活力を引き出す成長戦略」で、規制緩和などで創意工夫を促進し、より生産性の高い産業・企業に生産要素（労働・資本）が流れやすくして経済全体の生産性を向上させようとする「改革」が主だった。働き方改革、農政改革、電力・ガス小売全面自由化、貿易自由化などが、安倍内閣の成果として象徴的だったと思う。今後も、十分なセーフティネットを前提に、真に必要な「改革」については、個別の法制度整備によって対応を続けるべきであることに変わりはない。

『サナエノミクス』では、敢えて第3の矢を、財政出動や法制度整備を伴う「大胆な危機管理投資・成長投資」に代える。

『アベノミクス』の第2の矢は、「機動的な財政出動」で、デフレ脱却の為のマクロ経済政策を担う需要拡大の為のものだった。残念ながら財務当局が拘った「ＰＢ（プライマリー・バランス＝基礎的財政収支）黒字化目標」の下、結果的には緊縮財政を継続せざるを得ない結果となり、物価安定目標の達成を困難にした。

『サナエノミクス』では、第２の矢の「機動的な財政出動」については、あくまでも災害、感染症、テロ、紛争、海外の景気低迷などの要因による「緊急時の迅速な大型財政措置」に限定することとする。よって、第３の矢の「大胆な危機管理投資・成長投資」とは別物である。

そして、真に力強い経済を目指す為にはインフレ率３％以上が理想なのだが、先ずは物価安定目標であるインフレ率２％を達成するまでは、時限的に「ＰＢ規律」を凍結して、戦略的な「大胆な危機管理投資・成長投資」に係る財政出動を優先する。

頻発する自然災害やサイバー攻撃、感染症、エネルギー制約、高齢化に伴う社会保障費の増大など困難な課題を多く抱える現状にあって、政策が軌道に乗るまでは、「追加的な国債発行」は避けられない。

イェール大学の浜田宏一名誉教授が「政府の財政収支を気遣うあまり、現在苦しむ人を助けず、子供の教育投資を怠って、生産力のある人的資本を残さないでもよいのか」

と表現しておられたのが分かりやすい。

こう書くと、「日本国が破産する」と批判される方が多いだろう。

しかし、国債発行は「避けるべきもの」ではなく、「必要な経費の重要な財源として活用するべきもの」である。勿論、債務残高対GDP比については注視していく。

特に、「日本では、日本銀行に通貨発行権があり、自国通貨建て国債を発行できることから、デフォルトの心配が無い幸せな国であること」「超低金利の現在がチャンスであり、PBが赤字でも名目金利を上回る名目成長率を達成していれば、財政は改善すること」「企業は、借金で投資を拡大して成長するが、国も、成長に繋がる投資や、将来の納税者にも恩恵が及ぶ危機管理投資に必要な国債発行については、躊躇するべきではないこと」を、強調しておきたい。

自国通貨を持つ米国（ドル）、英国（ポンド）、日本（円）では、中央銀行が自国通貨を発行できる。買いオペをして、国債と通貨を交換することができる。国債を発行して政府支出を行えば、マネーストックは増える。「政府の借金」が増えることは、「国民の資産」が増えることである。

『財政法』第4条が「国の歳出は、公債又は借入金以外の歳入を以て、その財源としなければならない。但し、公共事業費、出資金及び貸付金の財源については、国会の議決を経た金額の範囲内で、公債を発行し又は借入金をなすことができる」と規定していることから、「建設国債なら良いが、赤字国債の発行は違法ではないか」と質されることもあるが、特別に赤字国債の発行を認める『特例公債法』（年度毎に名称は区々《まちまち》）を制定した上で「国会の議決を経た金額の範囲内」での発行は可能となっている。

『日本経済強靭化計画』においては、歳出分を全て国債に頼るわけではなく、「分厚い中間層を再構築する為の税制改正」の考え方についても第7章に記する。

財政当局も含め多くの方が、「子や孫にツケを回すことになるので、国債発行は望ましくない」と言われるが、将来世代が税金で償還するとしても、償還を受ける世代もまた同世代だ。

将来世代に負担を残すことになるのかどうかは、国債発行によって金利が上がるかどうかで判断するべきだ。金利が上がれば、民間投資が阻害され、将来の消費可能資源が減ってしまう。しかし、現在のような超低金利下では、そのようなことは起こらない。

金利が一定の下で貨幣供給を続けると、インフレが止まらなくなるという指摘もある。

そのような場合には、「危機管理投資」と「成長投資」について、柔軟に年間投資額を調整すればよい。

「強い経済」は、中期的には財政再建に資するものであり、将来世代も含めた全世代の安心感を創出する為の社会保障を充実させる上でも不可欠だ。外交力や国防力、科学技術力や文化力の強化、そして豊かな教育の実現にも直結する。

次章は、「危機管理投資」と「成長投資」の具体的な内容について、暮らしに身近な課題から、幾つか書かせていただく。

第2章

「危機管理投資」と「成長投資」

――「アフターコロナ」を見据えて

必需品の国内生産・調達

２０２０年以降、日本では、マスク、消毒液、医療用ガウン、人工呼吸器、注射器、半導体などの不足を経験した。

米国では、２０２０年3月に、当時のトランプ大統領が、自動車大手のＧＭに対して、人工呼吸器の製造を命じた。

２０２１年には、バイデン大統領が、医薬品メーカーであるメルクの工場を、ライバル企業のＪ＆Ｊのワクチン生産に転用し、米国内のワクチン生産を加速させた。この時、米国政府は、メルクがワクチン生産や瓶詰めの設備を導入できるよう、１億5百万ドル（約１１６億円）を投じた。

２人の大統領がコロナ禍で必要な物資の生産と調達を可能にする為に活用した根拠法は、『国防生産法』だ。これは、政府に対して、緊急時に産業界を直接統制できる権限を付与する法律である。

同法は、「大統領が、人々（法人や事業体を含む）に対して、国防の為に必要な資源・サービスに係る契約を優先し、かつ受諾・実施するよう要求し、また、大統領が国防に必要とみなす範囲で、資源・サービス・機能を配分する権限を与える」「大統領が、国内の産業基盤に対し、重要な資源や物品の生産と供給を拡大するようにインセンティブを与える権限を与える。インセンティブの方策としては、融資、融資保証、直接購入、購入約束、民間産業施設に対する設備の調達・導入等」と規定している。

英国は、2020年6月に、新型コロナ危機対応の為の暫定措置（公衆衛生の緊急時）として、『企業法』に、「感染症対策に直接関与する企業が買収に直面した際の政府介入権限」を付与する改正を行った。

日本の法律では、民間企業に対して、特定の製品を作ることや国内で生産することを強制するような対応はできない。

しかし、私は、大規模災害や感染症の発生など緊急時でも「生活・医療・産業に必要な物資」の国内生産・調達を可能にする施策を確立することが必要だと考える。

具体的には、「生産協力企業への国費支援策の具体化」「研究開発拠点・生産拠点の国内回帰を促す税財政支援策の構築」「基礎的原材料の確保」「医薬品の研究開発への大規模投資」などに早急に着手するべきだ。

また、前記した米国の『国防生産法』は、大統領に「優れた経験・能力を持つ人物を雇い、国防上の利益の為に政府の用務に呼び寄せることが可能な、産業界の要人有志の集合体を設置しておく権限」も与えている。

日本でも、緊急時に民間の専門家が迅速に公的業務に従事することができるように、予防的な人事配置制度を構築しておく必要性を感じている。

医療提供体制と検疫の強化

感染症病床や医療資源の維持も、重要な「危機管理投資」だ。

特に公立病院は、従前より、全国の感染症病床の約6割を保持しており、新型コロナウイルス感染症への対応においても、重要な役割を担っていただいている。

この公立病院の存続が危ないと思われる時期が2回あった。2017年5月11日の経済財政諮問会議では、民間議員から公立病院の赤字を問題視する指摘があり、「不採算地区以外の病院については、繰出金への依存をより減らすべき」との提言がなされた。

2019年9月26日には、厚生労働省が、「高度急性期もしくは急性期の病床を持つ公立・公的医療機関等１４５５病院中、４２４病院が再編統合など、再検証を要請する対象」だとして、それらの病院名を公表したので大騒ぎになった。

　そもそも公立病院は、僻地医療、救急医療、感染症医療、周産期医療、小児医療など、民間病院では不採算とされる場合が多い医療を担っているので、赤字が続いていても維持せざるを得ない地域が多い。

　２０１７年にも、２０１９年にも、総務大臣として反論を続けたが、２０２０年１月の新型コロナウイルス感染症対応が始まってからは、この議論は下火になった。

公立病院、民間病院、双方の特徴を活かした「最適な地域医療体制の整備」が必要だ。

　２０２０年１月に国内で新型コロナウイルス感染症が確認されてから、すぐに官邸では連日、関係閣僚会議が開催された（その後、全閣僚参加の対策本部に改組）。初期の段階で、私は「やがて、酸素、挿管、ＥＣＭＯが必要になるので、備えが必要だ」と発言したが、私が医療を所管しない大臣だったからか、その時点では、全くスルーされてしまった。医療物資・機器の調達や使いこなせる人材育成の為のトレーニングは、最悪の事態を想定して早期に実施しておくべきだという考えは、今も変わらない。

また、『検疫法』に基づく水際対策と、『感染症法』に基づく国内の蔓延防止対策という重要な「備え」については、とても無念に感じていることがある。

実は、最初の総務大臣在任期間中、行政評価局長に指示をして、２０１６年8月から11月までを調査期間として、「検疫感染症の国内侵入に備えた水際対策」や「国内の蔓延防止対策」の状況について、「実地調査」を行った。総務省は、全府省庁の行政運営の実態に関する調査権・勧告権を保有する。

「検疫感染症」というのは、国内に常在しないエボラ出血熱、ＭＥＲＳ（中東呼吸器症候群）、鳥インフルエンザ（Ｈ５Ｎ１、Ｈ７Ｎ９）などの感染症を指す。

２０１６年当時はコロナ禍ではなかったが、海外ではエボラ出血熱やＭＥＲＳが流行していて多数の方々がお亡くなりになっている状況だった。また、「観光立国政策」によって訪日外国人旅行者数が急増していたこと、4年後に東京オリンピック・パラリンピック競技大会が予定されていたことから、私は、徹底した感染症対策が必要だと考えていた。

調査対象機関は、厚生労働省（18検疫所を含む）、国土交通省、防衛省、総務省、16都道府県、15市区町村、44医療機関、関係団体などだった。

行政評価局による「実地調査」の結果、様々な課題が明らかになった。

①入国時の渡航歴等の申告が遵守されていない／健康監視対象者に漏れ、入国後発熱等。

②入国後の健康状態等の報告が遵守されていない／健康監視対象者からの報告が遅延・中断（約63％）。

③指定医療機関の診療体制等の整備状況が区々《まちまち》／基準数での患者等の受入れを危惧する機関（約23％）。

④院内感染防止措置等が十分でない／感染管理の観点から改善が必要とみられる事例等。

⑤感染症患者等の搬送手段等の確保が十分でない／隔離・停留先や搬送手段の未確保等（11検疫所、5保健所）。

⑥感染症患者等の搬送訓練が十分でない／総合的訓練や合同訓練が不十分（8検疫所、3保健所）。

その後、総務省では、約1年間、関係官庁と調整をしながら改善策を検討し、2017年12月15日に、私の後任大臣から厚生労働大臣に対して、閣議の場で『感染症対策に関する行政評価・監視の結果に基づく勧告』が行われた。

『勧告』は、「入国時の渡航歴等の確認の徹底」「健康監視の適切な運用の確保」「指定医療機関の診療体制等の適切な整備」「搬送手段等の適切な確保」「搬送訓練の適切な実施」などの項目につき、それぞれ具体的な改善策を記したものだった。

総務省では、各府省庁に『勧告』を行ってから、概ね半年後と1年半後の2回、フォローアップを行い、改善が見られない場合には、『再勧告』をすることもある。

最初のフォローアップは、『勧告』から約7カ月後の2018年7月20日で、厚生労働省から『改善措置状況』の回答があった。総務省の『勧告』を受けて、厚生労働省が各関係機関に通知や指示を出し、実態調査や総点検を依頼したという内容だった。

しかし、その後の厚生労働省は、2019年7月のコンゴ国のエボラ出血熱に関するWHO（世界保健機関）の緊急事態宣言への対応に追われ、同年夏に予定されていた総務省の2回目のフォローアップにも応じられないまま、2020年1月からは、新型コロナウイルス感染症対応に多忙を極める状況になってしまった。

改めて2017年当時の総務省からの『勧告』の詳細版を読み返したが、全てが早期に実行されていたなら、2020年1月の新型コロナウイルス感染症の国内発生までには相当に「備え」が強化できていたはずだと、残念でならない。

現在の新型コロナウイルス感染症への対応としては間に合わなかった改善策について

も、継続的に取組を続けていくべきだと考える。

仮に新型コロナウイルス感染症が収束したとしても、エボラ出血熱やＭＥＲＳなど多様な感染症リスクは存続するし、急速なグローバル化に伴う国境を越えた人や物資の移動によって感染症は世界規模で拡散しやすい状況にある。気候変動による自然災害も、激甚化している。

必需品の国内調達や十分な医療供給体制の維持、検疫の強化を可能にする「危機管理投資」の重要性は変わらない。

創薬力の強化

コロナ禍で困ったことは、ワクチン不足だった。国内でも大学と企業が連携してワクチン開発が行われていたが、接種開始時期には間に合わず、外国産ワクチンに頼らざるを得なかったことから、果たして十分な供給量を確保できるのかどうかという不安が拡がった。

ボストンコンサルティンググループの平谷悠美パートナーと楽天メディカルジャパンの前田陽副社長が、日本の製薬企業のグローバルな立ち位置や米国の現状について、色々と教えて下さった。

先ず、日本の製薬企業は、企業全体、創薬においても、研究開発の生産性の高い数社を除いてはグローバル大手の平均以下のパフォーマンスであること。上位25社には、売上規模で4社、時価総額で3社しか入っておらず、メガファーマのグループに近いのは武田薬品だけだということだ。

コロナ・ワクチンのファイザーなど「メガファーマ」の次に来るのが、フォーカスしたR＆D（研究開発）を進めている「スペシャリティファーマ」だ。特定分野での成功率は高い。例えば、ノボノルディスクは糖尿病や成長ホルモンなどの薬、イーライリリーはがんの薬に特化している。

日本の製薬企業では、中外製薬と第一三共が分野を特化しており、期待が高いそうだ。中外製薬は、ロシュとの提携を活かした研究開発力と販売力が高く、新薬の開発力が目立っている。ロシュは乳がんなどがん治療薬で注目されている企業だ。タミフルも、作ったのはギリアドだが、ロシュが買い取って販売している。

第一三共は、抗がん剤が米国で認可されて株価が上昇した。20年来の努力が最近になって花開いている。

世界の売上トップ20製品のうち、日本企業は、1995年に第一三共の高脂血症治療薬と田辺の狭心症治療薬がランクインしたが、2020年は小野薬品のオプジーポのみだった。

2020年の売上トップ20製品は、特化型・難病対策の治療薬（抗がん剤、免疫疾患）が多く、日本企業は「高分子薬」「バイオ薬品」への切り替えが遅れたと分析されている。

日本企業の創薬パフォーマンスの低さの要因を分析しながら、創薬力強化に向けた取組を始めなければならないと考える。

第1に、「メガファーマ」は対象とする疾患領域が幅広く、「スペシャリティファーマ」は対象領域を絞っており、日本の製薬メーカーはどっちつかずになっている。

第2に、創薬プロジェクトの可否を早期に見極め、適切にリソースを最適化する柔軟性が不足していることだ。グローバルファーマは、研究段階で考えた薬の能力を動物でなく人で臨床治験して、絞り込みを早期に行うというが、これは、日本では賛否の大きく分かれるところで、困難な課題だ。

第3に、ベンチャーのエコシステムが弱いことだ。欧米と比べると資金面、機能面とともにインキュベーション（事業の創出・創業支援）の仕組みが不十分だ。米国のバイオクラスターであるサンディエゴでは、循環する資金と人材に加えて、弁護士、会計士など専門職を含めた研究開発段階のエコシステムが形成されているそうだ。

第4に、臨床開発環境の未整備だ。日本では総合病院が多いので、1つ1つの領域の患者数が少なく、患者組み入れコストが高い。患者データも医療機関ごとに分散しているので、対象患者を見付けにくい。『がん基本法』によって、がん特化病院は日本全国で350から400もあり、薄く広がり、研究や教育ができる医師が散らばっている。海外のCenter of Excellenceが特定領域に特化しているのと対照的だと言われる。

第5に、トランスレーショナルリサーチ（基礎研究から臨床現場への橋渡し研究）が脆弱で、理論から臨床への繋ぎが弱いことだ。

臨床研究の論文数が少なく、phD（博士号）の人数も少なく、学位取得後の企業への就職比率は米国に比べると圧倒的に低い。

産学連携の人材交流も限定的だとされる。その理由として、『臨床研究法』で医師主導の治験がやりにくくなったからだという指摘がある。同法の制定は、ノバルティス社員の臨床データ改竄《かいざん》がきっかけだった。製薬企業から資金提供を受けた臨床研究への縛りが厳しくなり、共同研究が困難になったそうだ。人命に関わることなので、データ改竄の再発が無いように留意しながら、改善策を検討したい。

第6に、研究資金の差だ。NIH（米国の国立衛生研究所）とAMED（国立研究開発法人 日本医療研究開発機構）の研究資金力に大きな差があることに加え、基礎→応用→臨床と繋いでいく公的資金が少ない。

医療分野の研究助成金の規模は、米国が日本の22倍になっており、政府の研究開発予算における医療分野の割合も、米国が日本の6倍だ。

医療分野の予算の流れを見ると、米国では、NIHから直接、大学や研究所に渡るが、日本では、文部科学省、厚生労働省、経済産業省からAMEDとインハウス研究機関に渡り、その後、臨床研究中核病院や大学や国立研究所などに渡っている。ここは、研究資金の配分方法と規模も含めて検討した上で、国が「危機管理投資」「成長投資」として大胆に支援するべき点だと思う。

第7に、薬価制度の抜本的改革で、製薬企業の稼ぐ力が減少したことだ。つまり、革新的な薬剤に対する見返りが少ないということだ。ここは、患者負担も含めて政治の現場での議論が激しくなる点だ。

以上の問題意識を持った上で、私は、米国の商務省が所管する『特許規則連邦規則法典』第37巻第404条6項を研究したいと考えている。NIHの技術シーズを、同法に基づき、実用化の独占的ライセンスを中小企業に優先的に付与するものだ。バイオベンチャーは技術シーズが無くても起業できる代わりに、迅速な開発と商業化を要求される。

自民党社会保障制度調査会に設置された創薬力の強化育成に関するプロジェクトチームでも、2021年5月に提言が取り纏《まと》められている。前記した私の問題意識と概ね同様の方向性だが、党の提言の中では特に「緊急時に新薬・ワクチンを迅速に実用化できる薬事承認制度の確立」が多くの国民の皆様の願いに沿っているのではないかと思う。

情報通信機器の省電力化研究開発

社会全体のデジタル化が進む中、消費電力が急増しつつあることに危機感を抱いている。

情報通信関連の消費電力は、２０３０年には現在の約30倍以上に、２０５０年には約４０００倍以上に激増するという予測がある（国立研究開発法人　科学技術振興機構・低炭素社会戦略センター）。

情報通信関連に限定した消費電力予測だから、社会全体の消費電力は更に多めに見積もるべきだろうが、国の重点戦略として「省電力化研究開発」を迅速に進めることによって解決可能な課題だと思う。

数年前から、私はＡＩ（人工知能）、データセンター、スーパーコンピュータの消費電力の多さに強い関心を持って、それらの「省電力化研究開発の状況」について各官庁や研究者の方々に問い合わせをしていたが、十分な情報は得られなかった。最近になって、ようやく各処で動きが出てきていると感じる。

ＡＩについては、２０１６年時点で「アルファ碁」の瞬間消費電力は25万Ｗ。つまり、「アルファ碁」を1時間稼働させると、60世帯が1時間に使用する電力を消費すると言われていた。ＡＩの計算負荷については、モデルや収束条件により大幅に変動するので、推定は困難だそうだ。

既存のＡＩで一定の処理を実施する場合、ハイエンドモデルのＧＰＵが複数台必要になり、消費電力は１０００Ｗ前後と見込まれる。ＡＩを小型のＵＳＢサイズのシステムにした場合、概ね１Ｗとなり、既存のＡＩの１０００分の１の消費電力となる見込みだ。このゴールを目指した研究開発が、総務省と環境省の事業として２０２１年（令和３年度）から3年計画でスタートしたばかりなので、次年度以降の予算額に不足が出ないように配意しながら推進を応援したい。

今や日常的に利用する製品・サービスにもＡＩが搭載されており、「ＡＩの省電力化」は、重要な「成長投資」だ。

また、昨今は、経済安全保障上の懸念から「データセンターの国内回帰」を求める声が高まっている。

前記した科学技術振興機構の報告書によると、日本国内のデータセンターの消費電力は、２０３０年には約6倍、２０５０年には約８５７倍と予測されている。特にデータセンターの消費電力の50％を占めるサーバ（電源・冷却系が25～30％、ストレージが10％）を中心に「データセンターの省電力化」も急がなければならない。

日本国内の「ネットワーク系」の消費電力についても、2030年には約4倍、2050年には約522倍と予測されている。これは、トラフィックの年率27％の増大を仮定し、現在の最新市販品レベルを前提とした推定消費電力だ。

既に私も、パソコンやスマートフォン無しでは仕事ができないし、皆様のお宅にも、家電コントローラー、目覚ましカーテン、スマホ連動型インターホン、スマホ連動型施錠・解錠、スマホ連動型ペット給餌器、見守り用防犯カメラ、ＩｏＴクロックなど、ご利用中のＩｏＴ機器があると思う。暮らしや仕事に密着したＡＩ搭載機器やＩｏＴ機器、ゲームや動画の利用に加え、自動運転、ロボット、水素製造などにも、電力は不可欠だ。

今後、データセンターの機器では、ＣＰＵ、ＧＰＵ、ストレージ、メモリ、電源インバータ・コンバータについて、ネットワーク系では、無線基地局、ルータ、通信システムについて、消費電力低減の目標値を掲げて早急に研究開発を進めるべきだ。

また、5Ｇの次を見据え、「Ｂｅｙｏｎｄ 5Ｇ（6Ｇ）の省電力化」も重要な課題だ。こちらは、既に総務省が委託研究を開始している。ネットワークから端末まで光のまま伝送する技術や、チップ内に光通信技術を導入し、低消費電力のデバイスを実現する「オールフォトニクス技術」だ。基礎技術は確立しているようなので、今後は量産化を可能にし、社会実装に向けた応援を続けることが必要だ。

スーパーコンピュータについては、「グリーン・スーパーコンピュータ」の開発に日本の技術力を投入すると、大きな強みになるという指摘がある。

裾野が広い情報通信産業における「省電力化研究開発の促進」とともに、「安定的な電力供給体制の構築」を実行しなければ、生活や産業が成り立たなくなる時が迫っている。

この分野への国費投入は「リスクの最小化」に向けた備えとしての「危機管理投資」だが、世界中が同様の課題に直面している現在、「成長投資」にもなり得るテーマだ。内閣が強いメッセージを発出し、産学官で集中的な対応を進めるべき時だと考える。

世界的な半導体不足も、自動車や家電のデジタル化、5G通信の普及、コロナ禍の巣ごもりによるゲーム機の需要増加が大きな原因として指摘されている。半導体産業については後記するが、デジタル化の進展による様々な影響については注視していかなければならない。

安定的な電力供給体制の構築

内閣が2021年10月に閣議決定を目指す『第6次エネルギー基本計画』（素案・2021年7月21日公表）では、「安定供給確保のための責任・役割の在り方」について、「改めて検討を行っていく」と記されているだけで、デジタル時代の需要急増に応えようとする強い意思は感じられない。

前回の『第5次エネルギー基本計画』（2018年）では、2030年度の総発電電力量を1兆650億kWh程度としていたが、今回は9300～9400億kWh程度と見込んでいる。

読み込んでいくと、テレワークによる通勤移動の減少や技術革新による電力需要の減少に期待しているらしいこと、環境省の主導で菅内閣が2020年10月に表明した「2050年カーボンニュートラル」と2021年4月に表明した「2030年の46％削減、更に50％の高みを目指して挑戦を続ける新たな削減目標」に経済産業省が配慮したようだということは分かったが、文部科学省所管の科学技術振興機構が指摘したデジタル化に伴う消費電力の急増分を確実に賄える緻密な計画なのかどうか、不安が残った。

『第6次エネルギー基本計画』（素案）では、2030年度の電源構成は、再生可能エネルギーを36～38％としており、その中でも太陽光と風力が主力とされているが、いずれも可変動電源（季節や時間帯で発電量が変動する電源）である為、電力供給量を調整しなければならない。「２０５０年カーボンニュートラル」を表明したものの、火力発電は可変性調整手段として残さざるを得ず、２０３０年度目標でも41％（２０１９年度実績では75％）と、最大の電源となっている。

同僚議員が、環境省の官僚に「極端な二酸化炭素排出量削減目標だが、この電源構成は確実に達成できるのか」と質《ただ》したところ、「それは、経済産業省・資源エネルギー庁が考えることです」と答えたと聞き、益々不安は大きなものになった。

特に原子力発電の活用については、国民世論も分かれており、内閣では政治的リスクを恐れて、本質的な議論が進んでいないように読めた。

私は、地球温暖化対策と日本の経済基盤整備を両立させる為には、再生可能エネルギーの更なる導入に加えて、原子力の平和利用は必要だと考える。

ただし、その前提として、東京電力福島第一原子力発電所の悲惨な事故による被害は現在も続いており、その謙虚な反省の上に立って、国の原子力行政を抜本的に見直さなければならない。

特に、「原子力規制委員会と原子力規制庁の体制強化」と「既設の原子力発電所の全事業者、立地自治体、国による『三位一体の新体制』の確立」だ。世界最高水準と言われる安全基準をクリアする為の各事業者の負担を考えると、国内の原子力発電事業者11社の協業化を行う道も考えられる。加えて、セキュリティ、廃炉、最終処分に関する国の責任を明確化することだ。

更に、「現在でも日本産農林水産物に輸入規制をかけている諸外国との真剣な通商交渉」も、内閣が為すべき仕事だ。

2021年3月時点の農林水産省の資料によると、「日本産食品の輸入規制（輸入停止措置、又は検査証明書の提出要求）」を続けている国と地域が15も残っていた。同盟国の米国に加え、中国、台湾、韓国、香港、マカオでは、最も厳しい「輸入停止措置」を続けていた。その対象も広範で、例えば米国による「輸入停止措置」の対象地域は、青森県、岩手県、宮城県、山形県、福島県、茨城県、栃木県、群馬県、埼玉県、千葉県、新潟県、山梨県、長野県、静岡県。対象食品は、県によって様々だが、海産物のみならず、原乳、肉、野菜、果物、キノコ類など多種に及ぶ。

菅内閣は、2021年4月に「2年後の処理水の海洋放出方針」を発表したが、「現在も残っている風評被害」を皆無にしてからでなくては、農林水産業や食品加工業、食品流通業などに携わっておられる方々の信頼は得られないと思う。

その上で、私は、高圧・特別高圧で安定的な電力供給が求められる産業用について、先ず2030年に向けた対策としては、2029年の運転開始に向けて米国や英国で開発が進められている「SMR」(小型モジュール原子炉)を活用し、工業団地やデータセンター立地地域などに「地下立地」することが、現実的だと考える。

IHI、日揮グローバル、日立GEなど日本企業も、米国における複数の実証プロジェクトの主要プレイヤーとして参画している。三菱重工業も、多目的利用小型PWR(多様なニーズを見据えた小型モジュール炉)や、災害時の非常電源など多目的に利用できるマイクロリアクターを開発していると聞く。

高速炉型の「SMR」については、ビル・ゲイツ氏が創設したテラパワー社が2021年6月に米国ワイオミング州で実証を行い、建設についてゴードン知事と合意し、西部6州に電力を供給するパシフィコープ社とも合意しており、ゲイツ氏は「5年後にお見せしたい」と語るなど、私達の予想よりも早い運転開始になるかもしれない。

「SMR」には、軽水炉型、高速炉型、高温ガス炉型など様々な炉型が存在するが、「小さな炉心を活かし、自然循環を利用したシンプルな安全システムを採用しており、ヒューマンエラーや危機故障を回避できること」「配管破断による冷却水の全喪失などのリスクが低減すること」「モジュール生産による品質管理の容易化と工期短縮によって、初期投資コストが小さいこと」「モジュール単位の出力調整や熱貯蔵・水素製造とのカップリングなど、負荷追従・多目的利用ができること」など、メリットは大きい。

「SMR」を、火力発電の代替ということで試算してみた。電力市場規模全体の82％のシェアを占める旧一般電力事業者10社の火力発電所の発電電力量は、約4818億kWhだが、これは、6870万kWの発電設備に相当する。これを、現在の130万kW規模の原子力発電所で代替する場合には、約53基分に相当するので、現実的ではない。これを、仮に米国初の型式認証を取得したNuScale社の「SMR」（最大12モジュール／92・4万kW）で代替する場合には、74プラントが必要になるが、全国各地に立地する工業団地などで活用する姿を考えると、現実的な数だと思う。

そして、2030年以降については、「SMR」の次の選択肢がある。遅くとも2035年までには実用化されると考えられる「核融合炉」だ。

前記した「ＳＭＲ」は核分裂型なので、より十分な安全性を担保する為に「地下立地」を進めたとしても、原子力発電所事故を経験した日本人には、核分裂や核溶融への不安から心理的抵抗があるかもしれない。

しかし、「核融合炉」は、仮に電力供給が止まれば反応が自動停止するので、電源喪失によるトラブルは無い。寿命が短い廃棄物が生じるだけで、高レベル放射性廃棄物も出ない。現在の原子力発電所では、ウランとプルトニウムが必要で、採掘が困難で精製にコストがかかる上、放射性だ。しかし、「核融合炉」に必要なのは、水素の２つの同位体である重水素とトリチウムで、これらは海中から得られる無尽蔵の燃料だ。勿論、二酸化炭素の排出は無く、ヘリウムのみの排出だ。しかも、燃料１ｇで石油８トン分に相当する高効率エネルギーだ。

「核融合炉の開発に成功した国が、21世紀以降の世界の覇権を握れる」と言われてきた。日本も参加して7国・地域が共同で進めてきた『ＩＴＥＲ（国際熱核融合実験炉）計画』は、国家間の調整が不調で進捗が遅れ、２０２０年にようやく本体工事が始まったところだが、この数年間、民間企業は競って活発に動いていた。

今や「核融合炉」関連のスタートアップは、欧米で約50社だ。

代表的なところでは、米国のTAE Technologiesにはグーグル他が約880M(ミリオン)ドルを出資、Commonwealth Fusionにはマイクロソフト創業者のビル・ゲイツ氏他が約220Mドルを出資し、カナダのGeneral Fusionには、アマゾン・ドット・コム創業者のジェフ・ベゾス氏他が約300Mドルの出資をしている。

英国政府は、2040年までに核融合発電所を稼働させたいとしていたが、ケンブリッジ大学と政府が協力して、Tokamak Energyには、約150Mドルの出資がなされている。First Light Fusionには、オックスフォード大学他が約100Mドルを出資した。

以上の米英の5社は、ビッグ5と呼ばれ、核融合炉そのものを開発している。

日本では、2019年10月に設立した京都大学発の京都フュージョニアリングが、ビジネス目的の核融合炉の開発までを目指して頑張っている唯一の企業だ。京都大学エネルギー理工学研究所の小西哲之教授の研究成果を活かし、核融合炉で利用する機器に不可欠な独自技術を保有する。しかし、京都フュージョニアリングの累計調達額は5億円程だそうで、米国のTAE TechnologiesやCommonwealth F usionが投資家から調達している金額に比べると2桁少ない。

量子科学技術研究開発機構のJT60SAも、核融合実験炉だが、学術研究目的に分類されており、ビジネス目的の実用炉を目指すものではない。

ビジネス目的の実用炉は、小さなサイズを目指して開発されている。前記のビッグ5と京都フュージョニアリングは、2025年には完成年を宣言できると期待されている。冒頭に「遅くとも2035年まで」と書いたが、もっと早い完成年になるかもしれない。勿論、京都フュージョニアリングが宣言に至る為には、政府の直接的、間接的な支援が必要だろう。

既に世界中で74機の実験炉が存在し、15機が計画されている。核融合の実証プラントが建設ラッシュになりつつある中、日本は絶対に後れを取るわけにはいかない。

かなりハードルが高い「2050年カーボンニュートラル」を本気で実現し、同時に、産業や医療や生活に欠かせない「安定的な電力供給体制の構築」を両立させるのであれば、国内の「核融合炉」に係る研究開発に、国家戦略として10年間で5000億円規模の支援を行うことが、「危機管理投資」であるとともに「成長投資」になるはずだ。

スタートアップに投資家の資金が回る環境作りも、急がなければならない。

太陽光パネルの課題解決の必要性

『第6次エネルギー基本計画』（素案）を読むと、再生可能エネルギーの中では太陽光に最も期待しているようだ。

だが、太陽光に関しては、「リスクの最小化」の為に、先に解決するべき課題がある。

私の地元では、山の上の畑に設置された太陽光パネルの傾斜が雨天時に地面を削り取る原因となっており、畑の下に在る集落では土砂崩れの恐怖に怯えている。

『農地法』『都市計画法』『宅地造成等規制法』では、法の目的や規制対象物が違うので対応できない。

『電気事業法』では、太陽光発電設備の破損等により周辺の安全に影響を与えることが無いよう『経済産業省令』で技術基準を定めている。「土砂流出又は地盤の崩壊を防止する措置」が講じられていなければ、技術基準に適合するように命令を発出することができ、命令違反については罰金（50ｋＷ以上は300万円以下、50ｋＷ未満は30万円以下）が処せられる。

しかし、旧技術基準には「土砂流出」に係る規定が無かったことから、2020年2月25日以前に工事着工した太陽光パネルについては、行政からのお願いベースでしか対応できない。

また、太陽光発電設備を設置する際の届出や使用前検査などについても、畑の上に設置されるような小規模のパネルについては、周辺住民の安全を担保できる規制が無い。

総出力が2000kW以上の設備であれば、主任技術者の選任、保安規程の届出に加え、工事計画の届出と使用前自主検査が義務づけられている。500kW以上2000kW未満の設備では、工事計画の届出と使用前自主検査は不要で、使用前自己確認が必要となるだけだ。地元住民の皆様が土砂災害を心配している500kW未満の設備については、使用前の自主検査の対象にもなっていない。

防災の観点から、「古い発電設備の危険性除去に有効な全国共通の基準と対策」「総出力が小さい設備も含めて、保安規定の届出、設置工事計画の届出、使用前検査まで、行政で対応できる仕組み作り」が必要だと考える。

また、「太陽光パネルの廃棄処分時のルール作り」も必要だ。

太陽光パネルの耐用年数は20年から30年とされているので、２０１２年の「再生可能エネルギー固定価格買取制度」創設から計算すると、約10年後には耐用年数を迎えた初期型パネルの大量廃棄が始まるだろう。経済産業省では、太陽光パネルの年間排出量のピークを２０３５年～２０３７年、年間約17～28万トンと推計しているそうだ。

しかし、現在も、自然災害によって損壊した太陽光パネルの廃棄は行われている。

太陽光パネルには、鉛やセレンなど有害物質を含む製品があり、適切に処分しないと「土壌汚染」が発生する。建物から取り外しても、日光が当たる限り太陽光パネルは発電を続けるので、パネル面を表に向けたまま廃棄した場合、「感電の危険」がある。

多くの皆様の安全に関わる課題だと考え、総務大臣在任中だった２０１７年に、行政評価局長に対し、「太陽光発電設備の廃棄処分等に関する実態調査」を指示した。

その結果、産廃処理事業者が、有害物質の含有可能性を認識せずに破砕し、遮水設備の無い処分場に埋め立てていたケースが報告された。また、産廃処理事業者が有害物質の含有状況を確認しようとパネルメーカーに照会したのに、メーカーが情報開示を拒否したという悪質なケースもあった。倒産事業者が、保有する太陽光パネルを不法投棄することによるリスクも見えた。

事業者によると、太陽光パネルのリユース・リサイクルを実施する事業者は殆ど無いそうだ。パネルの2割を占めるアルミフレームはリサイクルに回るが、7割を占めるガラスは、分解が容易ではなく、再生利用先の確保も困難であることから、破砕され、埋められる。リサイクルを推進する為には、強力接着されたガラスや結晶シリコンなどの分解技術の開発や、コスト面の課題を克服する必要があるということだった。

同年、総務大臣から経済産業大臣及び環境大臣に対して、使用済パネルの適正処理・リサイクルに関する『勧告』を行った。

翌2018年7月に閣議決定された『第5次エネルギー基本計画』の与党審査時にも、原案にはこの課題への記載が皆無だったので、自民党の資源・エネルギー戦略調査会長に対して修正文案を提出した結果、「将来大量に発生する太陽光パネルの廃棄問題について、法制度の整備も含めた検討を行い、使用済みパネルの適正な廃棄・処理が確実に実施されるように対応するとともに、小規模な事業用太陽光発電の適切なメンテナンスを確保し、再投資を促す」という文章が追加された。

私は、製造業者を含む関係事業者による使用済みパネルの回収・適正処理・リサイクルシステムの構築の為に必要な「法制度整備」を、特に強く経済産業省に求め続けてきたが、未だ実現していない。

前記した太陽光パネルのリサイクルに必要な技術の開発は、約10年後に迫った大量廃棄の発生に備えた「危機管理投資」であり、世界の太陽光発電市場の大きさを考えると「成長投資」にもなる取組だと考えている。

エネルギー政策からは脱線するが、太陽光パネルの廃棄処分時の課題に関する私の講演を聴いて下さった大和郡山市の上田清市長から手紙を頂いた。新型コロナウイルス感染症の収束後には大量廃棄が見込まれる「アクリル板の処分方法」の問題だった。既に市のクリーン・センターに対して研究を指示されたそうだが、これも、各自治体任せにしては負担が大き過ぎる課題だと感じた。環境に優しい処分方法の研究や財政支援も、国が行うべき「危機管理投資」だと思う。

再生可能エネルギーへの期待

話を戻すが、解決を急ぐべき課題はあるものの、基本的に私は、再生可能エネルギーの普及には期待している。

国内発電事業に用いられる火力燃料は、種類を問わず、ほぼ全量を海外からの輸入に依存しており（例外は、苫小牧発電所の少量のメタンガスと石油の混燃）、毎年、電気料金の4分の1から3分の1に相当する約4兆円の国富が海外に流出している。

国内、特に地方で資金を循環させる為にも、新規雇用を創出する為にも、私が総務大臣在任中に構築した5省庁連携の「地域分散型エネルギーインフラプロジェクト」を、強化拡充して実施していきたい。

「地域分散型エネルギーインフラプロジェクト」の詳細は第5章に記すが、エネルギーをできる限り地産地消にしておけば、自然災害や変電所等へのサイバー攻撃などによる広域大規模停電を防止する手段にもなる。

日本の国土面積の約66％を占める森林と約11％を占める農地は、バイオマス発電や中小水力発電など、再生可能エネルギーの未利用資源の宝庫である。

森林では、ＡＩ、ＩｏＴ、５Ｇなどの先端技術を活用した無人運搬システムや遠隔重機などスマート林業の基盤整備を通じて、バイオマス発電資材の集約を効率化する取組を実証プロジェクトとして実施し、横展開していきたい。

農地周辺では、既に用水路も小水力発電に活用されている。加えて、防災対策として国土交通省が整備を進めている治水ダム、遊水池、調整池、厚生労働省が所管する貯水槽も、水力発電に活用するべきである。

この他、「送電網の強靭化」「太陽光や風力の可変性を調整する手段としての水素や蓄電池産業への支援強化」も、実行を急ぐべき「危機管理投資」であり「成長投資」だ。

総務省で実施した5省庁連携のプロジェクトの発案時にも、今回の『第6次エネルギー基本計画』（素案）でも痛感したことだが、多数の省庁がバラバラに対応することにより、時間とコストがかかり、内閣の信念や覚悟が見えにくくなる。今や、環境政策とエネルギー政策は密接不可分のものとなっている。前記したように、発電設備の立地計画から廃棄処分・リサイクルまで、一貫して安全性や環境保全を担保する必要もある。「令和の省庁再編」を行い、「環境エネルギー省」を設置し、各省に分散しているエネルギー関連施策を一元化するべきだと考える。

防災・食・住の変革

大幅な気候変動に対する「備え」も必要だ。

気象庁の『地球温暖化予測情報第9巻』と環境省の『2100年未来の天気予報（夏）』を併せ読むと、衝撃的な日本列島の姿が容易に想像できてしまい、怖くなる。

2021年現在から数えて55年後（2076年）から79年後（2100年）の変化として、全国平均4・5度以上の気温上昇により、我が国の森林を象徴するブナは姿を消し、首都圏3000万人の水需要の8割を支える利根川の上流では積雪が消失する。局地的に1時間に100ミリの激しい雨が降り、最大瞬間風速70メートルから90メートルの台風に襲われる。農産物の品質や収穫量も変わってしまう。

風速70メートル超の風や1時間に100ミリを超える雨は、「土木」や「建築」に根本的な変革を促す。しかも、いきなり55年後に起きる変化ではなく、年々気候は変動していくわけだから、現在と未来の国民の皆様の生命を守る為に、「厳しい気候にも耐え得る土木・建築技術の研究開発」と「防災対策への大胆な投資」を急がなくてはならない。

技術革新によって「防災対策」の態様は変化する。例えば、トンネルの老朽化点検作業は、従前は人手と時間をかけて叩いて行っていたが、現在では走行する電車から電磁波を照射することによって非接触で瞬時に済むようになった。

「防災対策」は、10年間で100兆円規模のコミットメントを持つ『中期計画』を策定し、技術革新とともに計画を更新しながら継続していくべき重要な「危機管理投資」だ。

気候変動によって、「食」も「住」も、現在とは大きく変わるだろう。世界的な「水ストレス人口の増大」も避けられない。55年というと長いようだが、国民の「食」と「住」が変わるには、1世代の時間が必要だ。内閣は、今から優先順位を決め、取組を加速させるべきだ。

「農業」については、気候変動に対応しつつ、データを駆使し、生態系を持続させる形に転換させていくことになるだろう。

農地や牧地に止まらず河川流域全体や市街地全体を再設計する「グリーンインフラ技術」が注目されている。同じ変化に見舞われる諸外国に関連技術や産業は輸出できるので、同分野への投資は「危機管理投資」と同時に「成長投資」にもなる。

これらの課題については、現状では政策が体系化・具体化されておらず、集中的な検討が求められる。

また、「老朽化した集合住宅の増改築投資」も、喫緊《きっきん》の課題だ。

国土交通省が老朽化した集合住宅の建て替えを促進する為に容積率を増やす『省令』

『告示』の改正を検討していることは追い風になるはずだが、「空き住まい部分の買い取り」「増改築」「管理・売却の代行」を一体的に行う仕組みを整備する必要がある。UR（都市再生機構）の機能を強化し、実施自治体を支援する財政措置を新設することが現実的だ。

現状の防災対策としては、地方自治体には「使えるものは、使う」という観点から、国の施策も積極的に活用していただきたい。

例えば、私自身が発案し、『地方財政法』を改正し、令和2年度（2020年）に創設した「緊急浚渫《しゅんせつ》推進事業」を早期に活用した地方自治体では、2020年7月豪雨で被害が出なかった。

「浚渫」というのは、河川や貯水池などの水底の土砂を掘り取ることで、河川の流路を拡げたり、深度を増したりすることができる。主要河川と言われる1級河川は、『河川法』によって国土交通大臣が指定し、浚渫などの維持管理費用も国土交通省が措置する。しかし、2級河川と1級河川の一部区間は都道府県知事が指定し、準用河川は市町村長が指定することとなっており、維持管理費用は国庫補助事業の対象とならず、地方自治体の厳しい財政事情から、十分な対応ができていなかった。

近年の豪雨災害では、市町村管理の小さな河川の越水でも命に関わる被害が出ており、地方自治体が自ら防災事業に取り組める環境を整えることが急務だと考えていた。「緊急浚渫推進事業」の「浚渫」には、河川、ダム、砂防、治山に係るもので、土砂の除去・処分、樹木伐採などを含めた。事業費総額は5年間で約4900億円規模とした。令和3年度（2021年）からは農業用ため池も対象に追加された。

各地の川底を掘って発生した土砂については、土質などの情報を公表することにより、地方自治体や建設事業者が他の事業に広く有効活用できる仕組みも構築しておいた。

富山県立山町では、浚渫事業により発生した土砂を企業団地の造成事業に活用した。宮崎県では、津波避難の為の高台整備事業、道路改良事業、河川堤防整備事業に活用した。徳島県は、四国横断自動車道の工事に活用している。土質にもよるが、土砂の売却によって地方自治体の新たな財源を生む可能性もある。

日本に強みがある技術を伸ばす

私は、「日本に強みがある技術」について、研究成果の有効活用や国際競争力強化に向けた戦略的支援を長期的に行うことが、「成長投資」の目玉になると考えている。

例えば、「電磁波技術」では、神戸大学の木村建次郎教授の手による「マイクロ波マンモグラフィー」に注目している。

がん組織と正常組織のマイクロ波の反射の違いを利用し、散乱したマイクロ波から、がん組織を瞬時に3次元映像化するものだ。プロトタイプ機を開発し、約400人の臨床試験を実施し、既に日本、米国、中国、欧州23カ国で基本特許が成立している。

販売は来年以降になるそうだが、多くの医療機関が導入して「痛くない乳がん検診」「被曝しない検査」が実現したなら、どれほど多くの女性が幸せになることだろう。乳房を押しつぶされて痛みが酷い現在のマンモグラフィーへの恐怖から乳がん検診を先送りしてしまう私のような女性が多いと思うが、現状では約40%に止まる乳がん検診の受診率が上がることによって早期発見に繋がり、医療費の節約にもなる。手術費用と治療薬費用を合わせると、年間約632億円の医療費削減効果が見込めると聞く。これは、世界中に輸出できる医療機器になるだろう。

木村建次郎教授の研究成果は、前記した老朽化トンネルの非接触点検にも活用されており、複数アームの送受信アンテナから電磁波を照射して、反射して返ってくる電磁波について、アームを向けた壁面の様子が解析できるようデータをソフトで変換し、老朽化状況を的確に読み取れる。

また、空港などのセキュリティゲートでも、電磁場再構成理論を適用した凶器探知なら、無人で機械判定ができ、立ち止まらない検査を可能にできる。

コロナ禍で注目されたバイオ関連では、タンパク質の3次元構造解析が可能な「クライオ電子顕微鏡」を実用化・市場導入し、次世代の創薬研究開発の為の基盤構築に貢献したのは、日本電子だ。30年以上の産学官連携による研究開発が成功した「成長投資」の好事例だと思う。

ただし、日本電子の代表取締役会長兼CEOである栗原権右衛門氏によると、「過去には政府の『設備整備予算』がついていたが、同政府予算は大幅に減額されており、今は海外に出していかなければビジネスにならない。7割が輸出だ」ということだった。3億円から7億円といった最先端電子顕微鏡は、圧倒的に中国で売れるそうだ。

光学顕微鏡はミクロンレベルだが、電子顕微鏡は1ナノメートル(100万分の1ミリ)で、原子1個が見える。供給できるのは世界では3社しかなく、世界市場シェアの半分を占める日本電子の他、日立ハイテク、米国のサーモフィッシャー(元オランダのフィリップス）だけだ。電子顕微鏡は、医薬分野では創薬、様々な分野の材料開発にも不可欠であり、半導体分野でも半導体デバイスがナノレベルに小さくなっていることから開発や品質管理に使われている。

日本電子のコアテクノロジーには、核磁気共鳴装置（ＮＭＲ）もあるが、主に科学技術者が使用しており、科学技術を前に進める分析の母となりそうだ。

半導体分野

世界的に不足している「半導体分野」でも、日本は一定の優位性を維持している。

ロジック半導体（演算処理）は、自動車、ＦＡ用マイコンについて日本企業の世界シェアを見ると、ルネサスが1位だ。

パワー半導体（電力の制御や供給）は、自動車、パソコン、テレビ、エアコンなどに使用されるが、世界シェアを見ると、三菱電機が3位、東芝が5位、富士電機が6位と、複数の日本企業が頑張っている。

ＮＡＮＤフラッシュメモリ（データ記録）は、パソコン、スマートフォンに使用されるが、世界シェアを見ると、キオクシア（旧東芝メモリ）が2位だ。ちなみに1位は韓国のサムスンだ。

CMOSイメージセンサは、スマートフォンのカメラに使用されるが、世界シェアを見ると、ソニーが1位で54％を占める。

半導体は、パソコン、スマートフォン、IoT、DC／HPC、5Gインフラ、電動車、自動走行、スマートシティ、AI、ロボティクスと、日本と世界の成長を支える製品・サービスに欠かせない。

半導体分野で、日本で作れないのは、シングル・ナノのチップだ。世界では、TSMC、サムスン、インテルの3社だけだが、インテルは脱落しつつあると言われている。

半導体分野では、今後、「設計・製造」はもとより、「設計支援」（回路設計図・電子設計自動化支援ツール）、「製造装置」（成膜・エッチング・露光・塗布・現像・洗浄）、「素材」（シリコンウェハ・レジスト）についても、強いプレイヤーを育成する為の支援を行うことが、「危機管理投資」にも「成長投資」にもなると思う。

産業用ロボット分野

また、日本メーカーの「産業用ロボット」は世界一の生産数であり、世界シェアは6割弱を占める。

日本製産業用ロボットの総出荷台数のうち8割弱が国外向けだ。世界の産業用ロボット販売台数は、2013年から2017年の5年間で2倍に増加しており、今後も年平均14%増が見込まれている。

ロボットでは、日本のファナックが世界1位のシェアを誇る。世界のロボット4大メーカーはファナック、安川電機、スイスのABB、クーカだ。クーカは、ドイツのメーカーだったが中国に買収されてしまった。

ファナック製ロボットの用途で最も多いのは自動車の溶接だが、スマートフォンケースの削り出し加工にも使われ、米国や韓国の大手スマートフォンメーカーで大量に使われている。コロナ禍においては、マスクの整列、マスクの包装、マスクの箱詰め、検査キットの生産、人工呼吸器の組立、ワクチン用注射器の精密なプラスチック成形にも使われた。

同社の基本商品はコントローラーとモーターだが、ロボットも知能マシンもこの2つを使っている。ファナック自身が自らの商品を使って自動化を進めている。ファナックの山口賢治社長によると、「コンポーネントも内製化、部材以外は自社製だ。内製率が高いのが他のロボットメーカーとの違いだ」ということだった。

現在、同社は人とロボットが一緒に働ける「協働ロボット」で注目を集めている。同社のロボット事業本部長であり工学博士である稲葉清典氏によると、「人とぶつかると止まるし、ぶつかっても痛くない。もちろん安全規格認証を受けている」「これまでは人が居る所にロボットを導入すると、安全柵が必要だったが、協働ロボットはそのまま工場に置ける。中小企業がスペースを使わず、大きな投資をせずに自動化するには適している」と説明して下さった。この協働ロボットは、drag & dropで、人が始めと終わりの位置を教えると中間の作業はロボットが自分で計算して作業できるそうだ。

産業用ロボットの最大の納入先は自動車産業だが、近年は電機・電子部品分野でも大きく増加している。金属製品、産業機械、家電、物流、航空・宇宙、プラスチック、医薬品、化粧品、食品、農業など、幅広く自動化の展望が開けているので、引き続き成長が期待できる分野だ。

自動車がＥＶになると、部品が減るので金属工作機械の需要が減る可能性はあると思うが、ボディは同じなので溶接ロボットは減らない。また、バッテリー、モーター、インバーター生産用のロボットは増えるので、ビジネス全体としては成長する可能性が高い。

私達の暮らしに身近なところでは、ワッフルを作るロボットもあるし、吉野家のバックヤードで皿を洗うロボットもある。前川製作所が作っているロボットは、これまでは手作業でやっていた鶏肉を骨から分離する作業ができる。

全て順調に見えるロボット分野にも、課題がある。システムインテグレーターの不足だ。

システムインテグレーターは、情報システムの企画、構築、運用などの業務を一括して請け負う情報通信企業だ。米国では、顧客の技術を活用できる新分野の提案も行っており、その数も圧倒的に多いそうだ。日本のシステムインテグレーターは、50人から60人くらいの人員で用途に応じてやっている個人事業主が多いということだ。日本のシステム分野では、完成しないと支払いが得られないので、資金繰りが厳しいと聞く。

その人材育成とともに、出来高払いのような方法に転換するなど、対策を考えるべき課題だ。

マテリアル分野

「マテリアル（工業素材）」も強い。

日本の輸出総額のうちマテリアルは自動車と並んで２割を超えている。日本貿易会の輸出上位10品目の資料（２０１８年）を見ると、１位が自動車だが、２位は半導体等電子部品、４位は鉄鋼、７位はプラスチック、10位は有機化合物で、マテリアルが日本の輸出産業の要《かなめ》であることが分かる。

日本では、自然科学系で24人の研究者がノーベル賞を受賞されたが、その約半数がマテリアル関連研究での受賞だ。マテリアル関連の受賞者全員の研究成果が、社会実装を経て社会変革に繋がっているという点は素晴らしい。

メーカーも、「擦り合わせ型」の技術開発・製品開発を行ってきた。材料・成形法の開発と用途開拓を同時進行させ、材料の調整と加工プロセスの擦り合わせのノウハウがメーカー内部に蓄積され、他社には容易に真似ができない技術・製品が開発されてきた。

例として、「液晶ディスプレイ」に使われているマテリアルを見てみよう。TAC（偏光板保護フィルム）では、富士フイルムやコニカミノルタなど日系メーカーの世界シェアは10割。ガラス基板では、AGC（旧旭硝子）や日本電気硝子など日系メーカーの世界シェアは5割。偏光板では、日東電工や住友化学など日系メーカーの世界シェアは6割。ブラックレジストでは、東京応化、三菱化学、新日鉄住金化学など日系メーカーの世界シェアは7割。カラーレジストでは、JSR、住友化学、トーヨーカラーなど日系メーカーの世界シェアは7割だ。

マテリアル分野の中でも、ユーザー企業ごとに全工程カスタマイズされていて綿密な擦り合わせが必要な「フォトレジスト」のような製品では、日本企業が圧倒的に高い世界シェアを維持しているが、プロセス技術を製造装置で補完できてしまう材料については、海外勢の追い上げが激化している。

今後も、モビリティ、エネルギー、デバイス・センサー、食料など私達の暮らしに欠かせない分野で「マテリアル」の重要技術領域は非常に多い。

資源代替・使用量削減・易《い》分別設計など「マテリアルの高度循環の為の技術開発」や、

MI、計測・分析、スマートラボ、製造プロセス、安全評価技術など「共通基盤技術の開発」を国が支援することは、有効な「成長投資」となる。

量子工学分野

量子工学は、国家安全保障の帰趨《きすう》を制する技術だ。

既に欧米や中国は「量子技術」を国家戦略上の重要技術と位置付け、戦略策定、研究開発投資の拡充、拠点形成を急いでいる。

米国は、トランプ前大統領の在任中に、研究開発戦略を策定し、関連法を制定した。国防総省やCIAを除いた投資額だけでも5年間で約1400億円規模だ。拠点形成は約10箇所。量子コンピュータの開発には、IBMとグーグルなどが取り組んだ。IBMの実機完成は、驚きのニュースだった。

EUでは、2017年に研究開発戦略を策定し、10年間で約1250億円のFlagshipプロジェクトを開始した。

オランダと英国は、国際的な拠点を形成し、インテルなどの民間投資を呼び込んでいる。

中国は、約1200億円をかけて量子関係の研究所を建設中で、量子暗号への取組も拡大させている。ファーウェイやアリババは、社内に量子コンピュータのチームを立ち上げた。

日本では、安倍内閣が2020年1月の統合イノベーション戦略推進会議で『量子技術イノベーション戦略』を策定した。

同戦略は、革新的な量子技術を生み出す拠点である「国際ハブ」を、2020年度から5年間で日本国内に5拠点以上整備する目標を掲げていた。当時は総務大臣在任中だったので、量子技術と既存のセキュリティ技術を融合した「量子セキュリティ技術」の研究開発の中核となる拠点を、総務省所管のNICT（国立研究開発法人　情報通信研究機構）に整備することとし、NICTへの運営交付金として、令和元年度補正予算で43・9億円を計上した。

各国が競う量子技術においても、「基礎理論」や「基盤技術」では、日本が優位性を持っている。欧米からの日本の技術への関心は高い。

私は、安全保障の観点から、特に「国産の量子コンピュータ開発」を急ぐ必要があると考えている。

２０１８年に、私が本部長を務めていた自民党サイバーセキュリティ対策本部で量子工学の権威と呼ばれる有識者に「量子コンピュータが実現する時期」を伺ったことがあった。「未だ10年程はかかると思う」と仰っていたが、予想より大幅に早く実機開発が進展した。２０２１年7月、ＩＢＭのゲート型商用量子コンピュータが初めて日本に導入された。27Ｑｂｉｔマシンを川崎市のかわさき新産業創造センターに設置し、東京大学が運用権を持って、トヨタ、日立などと企業コンソーシアムを組成して利活用することとなった。東京大学では、日本の強みであるコンパイラーなど周辺産業育成に繋がることを期待している。

ＩＢＭの実機導入は、米国、ドイツに次ぐものだ。世界では、ＩＢＭだけではなく、グーグルなど7社が製造しており、外に出しているのはＩＢＭだけだそうだ。

しかし、このままでは、日本はあくまでもソフトウェア開発に止まることになってしまう。

私は、理化学研究所、日立、富士通、ＮＥＣには、十分にハードウェアを開発できる技術と人材があると思っている。しかし、個社の経営陣が巨額の開発費を使うプロジェクトを決断することは、困難だろうと拝察する。

スーパーコンピュータ「富岳」の開発も終わり、次の大型国家プロジェクトとして、理化学研究所、日立、富士通、NECなどを中心とした「量子コンピュータ開発機構」を設立し、3年間で3000億円規模の集中支援を行い、国産の量子コンピュータを開発し、社会実装することは、日本にとって急を要する「危機管理投資」だと考える。

更に量子技術イノベーションを進め、「量子暗号通信」「量子計測・センシング」「量子マテリアル」「量子シミュレーション」などの技術領域を国が重点的に支援することは、「成長投資」になる。食品・薬品などの微量異物検知、認知症やうつ病の解明、創薬への利用など、私達の生活も安全で豊かにするのが量子技術だ。

漫画・アニメ・ゲーム分野

「漫画」「アニメ」「ゲーム」も、日本の強みであり、担い手の育成と起業支援の仕組みが必要だ。

先ずは、高等教育機関で、著作権や契約などに関する法律教育を行う。次に、外資とのイコールフッティング（競争条件同一化）や海外配信網の整備などを支援する。更に、資金面では、投資家の税負担軽減策として、「寄付税制」を所得控除から税額控除にする。法人課税の繰り延べ、遺産からの控除、相続課税の繰り延べなどの方法もある。

「ＡＩ敗戦」からの復活戦へ

日本は、１９９０年代に「第３次産業革命」（ＩＴ革命）に乗り遅れ、現在は「第４次産業革命」（ＡＩ革命）にも乗り遅れつつある。この状況は、「ＡＩ後進国」「ＡＩ敗戦」と表現されることもある。

これまでの資本主義で「投資」と言うと、企業による設備投資や、政府によるインフラ投資を意味していた。「頭脳資本主義」「認知資本主義」とも呼ばれる今後の資本主義で特に重要になるのは、「研究開発への投資」だろう。

米国ではＧＡＦＡ（グーグル、アップル、フェイスブック、アマゾン）に代表される巨大ＩＴ企業が、研究開発に莫大な投資を行っている。

日本にはＧＡＦＡに匹敵する企業が無いので、政府が自ら研究開発に対する投資を行わなければならない。その為にも、今は財政緊縮主義から脱する必要がある。研究開発は、研究費が多ければ多いほど進む面があるからだ。

「第4次産業革命」で鍵となる技術は、AIをはじめ、IoT、ビッグデータ、ブロックチェーン、ロボット、3Dプリンタ、VR、量子コンピュータ、5G、遺伝子技術、ブレイン・テックと様々である。これらは相互に関連しており、「テック・シナジー」(技術の相乗効果)を成している。従って、全ての技術について世界トップクラスを目指すべきであり、全ての研究開発を促進する為の「成長投資」を行う必要がある。

2018年に内閣府の会議で慶應義塾SFCの安宅和人教授が提案され、2019年には内閣府の『AI戦略2019』や経団連の『AI活用戦略』の骨子となった「AI-ready化」にも注目している。医療・介護、農業、物流といった産業のデジタル化や毎年の大学・高専進学者50万人全員の数理・データサイエンスの習得などが含まれていた。政府が旗を振っているだけではなく、経済界でも議論が重ねられ、進捗が5段階で把握可能な実効性が高いものになっている。

「AI-ready化」が提唱されて3年経った2021年現在、殆どの産業は2段階目にあるが、思わぬ分野が大きく変わる兆しが見えてきた。

畜産やハウス栽培が盛んな宮崎県では、人手不足解消の為に24時間収穫可能なロボットが導入されており、そこから牛や野菜の生育状況や病気など様々なデータが蓄積され、収穫や肥料のタイミングの適切な判断など、付加価値の高い農業への変革が進み、高専の学生が参加するスタートアップが生まれている。

ＡＩは、今後、防災にも大きな役割を果たすだろう。シンガポール全土をヴァーチャル化する「ヴァーチャル・シンガポール」のようなデジタルツインを構築し、精密な災害シミュレーションに活用するべきだ。

私は、ＡＩが国防に貢献する可能性も大きいと考えている。例えば、ミサイル迎撃にＡＩの画像認識技術や電磁波技術を活用すること、高度なＡＩが組み込まれている無人機を偵察活動に活用することなどである。

ＡＩでは、「情報路線」と「運動路線」の両方があって、ここ数年間で「情報路線」は伸びてきたが、ＡＩを精密工学系の技術と組み合わせないと「運動路線」は役に立たない。つまり、精密工学に強みがある日本には、大きなチャンスがあるのだ。

「ＡＩ‐ｒｅａｄｙ化」の串を多様な分野の政策に通し、関連施策を重点化することによって、日本は確実に変わる。「ＡＩ人材の育成」の在り方については、後記する。

ＥＵの技術戦略『Ｈｏｒｉｚｏｎ ２０２０』では、２０１４年から２０２０年までの政策として10兆円が投じられ、競争力のあるスマートシティの基盤などで成果を上げている。

内閣府は累次の『ＡＩ戦略』のフォローアップをしっかりと続け、特に研究開発に係る各プロジェクトには、少なくとも5年間から10年間は継続的な予算措置を行う必要がある。「ＡＩ‐ｒｅａｄｙ化」がこれからの社会経済を牽引することは明確であり、大胆な「成長投資」による実行力が求められる。

人材力の強化

「危機管理投資」や「成長投資」に係る多様な分野を支え、安心して安全に暮らせる社会を創る為に必要なことは、何と言っても「人材力の強化」だ。

第1に、学校教育におけるデジタル対応力の強化が必要だ。

私が長年にわたって提唱し、『学習指導要領』の改訂など文部科学省の準備が整うまでの間は総務省で実証事業を行うなど応援を続けてきた「プログラミング教育」は、ようやく2020年から義務教育課程に導入された。

今後は、AIを悪用したサイバー攻撃の増加が予想されること、他方でAIを活用した多様な分野におけるイノベーションが期待できることから、「情報セキュリティ教育」「AI教育」の導入も進めていくべきである。

また、AI技術を理解する上で欠かせない「線形代数」(行列)は、2012年以降は高校数学から無くなっているが、再導入が必要だ。

大学のカリキュラムには、現在、「数理・データサイエンス・AI」に関する科目の導入が図られているそうだが、AIに詳しい経済学者である井上智洋氏からは、「デジタル人材」の一種として、AIを使った商品・サービスの提案やソリューションの提供を行う「AIソリューション・プランナー」を育成することの重要性を伺った。理系人材だけではなく文系人材も必要だということだった。

特に地方では、デジタル・トランスフォーメーション(IT技術による変革。以下、DX)による多様な産業振興を見据えて、県立大学、高専、農業・商業・工業高校などにおけるデジタル教育に力を入れて欲しい。

第2に、実学重視の進学ルートを多様化することだ。

高専や専門高校の拡充と、実業志向の大学への編入拡大など、進学ルートを増やすべきだと思う。

ファナックの山口賢治社長は、「大学でも、最先端の設備を導入して人材を育成して欲しい」「日本の大学はリアルからバーチャルの教育にシフトしているが、リアルで泥臭い機械系、電気・電子系の教育を重視して欲しい。米国はむしろリアルへとシフトしている」「社員の7割がエンジニアだが、研究開発エンジニアの中で女性は3％。供給側の大学で女性エンジニアを育成して欲しい」「日本では、ソフトウェアの技術者も不足している」と語っておられた。

若者の外国滞在経験を増やす取組も進めたい。留学でも良いのだが、アジア・太平洋地域に進出している日本企業でインターンをさせていただけるなら、客観的に日本を見たり、多様な価値観や文化に触れたりと、かけがえのない経験になるはずだ。

東京大学は、「空気の価値化」をテーマにダイキンと10年間で100億円の連携をしているが、学生50人がダイキンの海外拠点に招かれ、海外ビジネスの最先端を体感しているという。学生の育成、共同研究、起業家育成を、大学と企業が共同で進めている好事例だと思う。

第３に、若者による最先端のプロジェクトづくりを応援することだ。「大学特区」で、大学と連携する先端プロジェクトの為に、建物利用や通信などの規制を緩和する。郵便局などの改築・増築を行い「ラボ・アパート」を建設することも可能だろう。例えば、東京大学が在る本郷は、ＡＩに関する企業が比較的多く存在し、「本郷バレー」と呼ばれる。産学で連携しながら、シリコンバレーや深圳《しんせん》を超えるレベルにまで引き上げることを目指す。

大学内にプロジェクトを担う若者用ポストを増やすことによって、若手研究者の処遇改善と活躍の場の提供にも繋がると思う。

東京大学では、物理学者の五神真《ごのかみまこと》・前総長が２０１５年４月から６年間の任期を務められた中で、優秀な若手研究者の為の安定的な雇用機会を増やすことが重要だとして、３００ポストを増やしたという。

第４に、高度人材育成の為に、世界からトップクラスの研究者を日本に招聘することだ。

招聘した研究者には、週に１回最先端の講義を大学で行う以外は、研究に専念してもらう。トップ研究者の講義や研究への参加を期待して、優秀な日本人学生や留学生も集まってくるだろう。トップ研究者から学んだ学生の起業を支援する仕組みも、前記のような手法を活用して構築する。

ところで、トップ研究者の招聘で必要になるのは、十分な報酬である。

２００６年に当時のイノベーション・科学技術担当大臣だった私は、「沖縄科学技術大学院大学（ＯＩＳＴ）」の設立準備に奔走していた。同大学院大学は、科学分野の5年一貫制博士課程を置き、国内外から優れた研究者を集めて質の高い研究を行い、世界レベルの研究拠点の形成を推進することを目指して、日本政府主導で設立することになっていた。『私立学校法』が定める独立したガバナンスと、内閣府からの補助金により、ノーベル賞受賞者や世界の科学・ビジネス・教育のリーダーで構成される理事会の管理の下で運営することとされていた。最も苦しかったのは、ノーベル賞受賞者などトップクラスの研究者に理事長や理事や教員をお願いするにあたって、日本政府が想定していたような報酬額では「ヒトケタ違う」ことを思い知らされた時だった。その後、同大学院大学は、２０１１年に設立に漕ぎつけ、教員と学生の半数以上を海外から採用し、教育と研究は全て英語で行っている。２０２１年5月現在で、教職員は１０１１名だが、58カ国・地域から集まった方々だ。博士課程学生は２２６名だが、出身地は45カ国・地域で、外国人比率は84％だ。

東京大学の坂田一郎副学長によると、東京大学の研究者の給与は、スタンフォードやハーバードの約半額だということだ。東京大学でも、スタンフォードから20万ドル以上で研究者を引き抜いたことがあるそうだが、この時も夫婦で招いたという。そこまでしないと、米国のジョブ・マーケットに手を入れることはできないということだった。坂田副学長は「米国の経済学部の昨年の求人は40％減だった。この分野はチャンスだ。積極的に良い人材を取りに行く」と語っておられた。

トップクラスの人材を学術機関に招聘して日本の人材力・技術力強化に繋げる為の費用は、不可欠な「成長投資」である。

また、初等中等教育から高等教育まで全ての教育現場に共通する課題だが、教員以外の職員が不足している。大学においても、教授が研究や教育以外に割く仕事量は膨大だ。各教育機関における職務範囲の見直しと職員の拡充もまた、重要な「成長投資」だ。

第５に、社会人が大学や大学院に入り直す「リカレント教育」だけではなく、社会人が働きながら教育を受け続ける「持続教育」を拡充することだ。

多くの社会人が仕事９割以上、勉強１割以下となっているそうだが、この割合を平均で仕事７割、勉強３割くらいの配分にする必要がある。社会人の持続教育を担って下さる大学院には、国際的なビジネスシーンに対応できる教育、技術革新のスピードに即応できる教育の充実を期待する。

イグレックの八剱《やつるぎ》洋一郎理事からは、「企業経営者のＩＴリテラシー」を高めていただくことも、ビジネスの現場では重要だという指摘があった。

日本では、ＩＴ人材の７割がベンダー（製造・販売元）に居て、３割がユーザーに居るが、米国では逆だそうだ。絶対数で見ても、ユーザーのＩＴ人材は、日本は29万人、米国は２７０万人と日本の９倍超。ベンダーのＩＴ人材は、日本は75万人、米国は１４５万人。

何が問題なのかと言うと、ＤＸの本筋は経営者がＩＴの力を借りて事業変革することだが、日本では、ユーザーがベンダーのＩＴ技術者を呼んで「うちの会社のＤＸはどうしたら良いか考えてくれ」と丸投げし、回答を作ってもらう。欧米では、ユーザー側トップのＩＴリテラシーが高いので、汎用ソフトを組み合わせて自社だけのソフトの組み合わせを作って活用しているそうだ。

この問題を解決する為には、「企業経営者のＩＴリテラシー」と高めるとともに、ＩＴ

人材をベンダーでなく、ユーザーに寄せていく必要があるということだった。

第6に、「フリーアクセスができる教材クラウドの作成」によって、様々な事情を抱える多くの方々の学びの機会を増やすべきである。

第7に、生命や財産を守る為に、幅広い世代を対象にした「防災教育」「防犯教育」「消費者教育」「投資教育」「情報セキュリティ教育」を支援したい。

第8に、初等中等教育、高等教育、地域学習などの場で、卒業・修了などの節目に必ず「社会制度教育」を実施することを提唱する。

生活保護の申請方法が分からずに亡くなったり、育児や介護の負担に耐え切れずに虐待や無理心中に至ったり、生活苦から進学を諦めたりする方が居なくなるように、生活・進学・育児・介護・障碍への支援策など、利用可能な施策の周知を徹底する為だ。

奈良県の小さな村の成人式では、新成人達に行政の相談窓口の一覧表を配布しており、良い取組だと感服した。

第3章

経済安全保障の強化

——深刻な「中国リスク」

中国の『会社法』

日本経済を強靭化する為には、「先端技術・機微技術・戦略物資の流出を阻止する」ことなど「経済安全保障の強化」が不可欠だ。

中国の『会社法』第19条は、「会社においては、中国共産党規約の規定に基づき、中国共産党の組織を設置し、党の活動を展開する。会社は、党組織の活動に必要な条件を提供しなければならない」と規定している。

同条にある『中国共産党規約』第30条は、「企業、農村、機関、学校、科学研究所（中略）その他の基層組織は、３人以上の正式な党員がいる場合、必ず党の基層組織を設置しなければならない」と規定している。

つまり、日本国内でも、中国共産党の党員が３人以上いる企業や学校や研究所では、『会社法』と『中国共産党規約』に従って、中国共産党組織を設置しなければならないのだ。

２０２０年には、日本企業の在中国子会社の経営判断が、企業内に設置された中国共産党組織に掌握されたことによって、日本企業が一時、上場廃止の危機に追い込まれる事態が発生した。日本企業が中国企業を買収する場合には、子会社の経営について、十分な目配りが必要だということが分かった。

中国に在る外資企業に関しては、2017年10月時点で、当時の斉玉・中央組織部副部長によると、「外資企業の70%が党組織を設置」しているということだった。

日本に在る中国企業に設置されている中国共産党組織も、中国共産党の管理の下で、中国の国家戦略に従って活動を行っていると考えられる。2020年3月には、中国企業の東京代表処が、中国共産党の指導の下で「応対疫情工作小組」を立ち上げ、在日中国大使館に協力し、東京代表処の全社員を動員して「医療用マスク」を購入していた。非常時の物資調達の為に、社員を動員し得ることが明らかになった。

中国の『国家情報法』

また、日本国内の企業や大学や研究機関の内部に設置された中国共産党組織が、「日本の先進技術や機微技術の流出拠点」となる懸念も大きい。

中国の『国家情報法』第7条は、「いかなる組織及び公民も、国家情報工作を法に基づき支持、協助、協力し、知り得た国家情報工作の秘密を守らなければならない。国家は、国家情報工作を支持、協助、協力した個人と組織に対して、保護を与える」と規定している。

日本在住の中国人や企業も、「情報工作協力」の義務を課されており、受入国にとっては、脅威となる可能性が高い。

既に米国政府は、様々な手を打ち始めている。2020年7月、FBI長官が、「中国国内に展開する米国企業の中にも共産党組織が設置されていると言われており、警戒を要する」と懸念を表明した。米国政府は、2020年10月2日に「中国共産党員の移民ビザを不受理とする方針」を発表し、同年12月2日には「中国共産党員とその近親者の短期商用ビザと観光ビザの有効期限を、最長10年から1カ月に変更」した。

「投資と買収」に係る中国企業の日本における行動の中で、確認されたものを幾つか挙げると、「中国への警戒感が高まっているので、出資元を秘匿して日本の先端企業の買収を試みた」「中国共産党との関係が強い中国企業が、日本で、先端技術を有する企業、資金が必要なベンチャー企業、経営不安に陥った企業への投資を積極的に実施した」「日本に設立した中国企業の子会社を、日本人技術者のリクルート拠点として活用した」「中国企業が、日本企業に出資して、傘下に設立させた子会社を利用して日本の先端企業の買収を企画した」「中国企業の在日代表が、日本人の元金融関係者と結託して、日本の地方銀行に中国の電子決済システムを導入させ、地方銀行を介して地方企業情報を獲得した」などの事例がある。

「中国人従業員等による技術漏洩」については、日本の企業や大学に所属する従業員や研究者による企業秘密や研究成果の無断持ち出しが、多数、確認されている。企業のインターンシップに参加している留学生、業務委託先の技術者、企業幹部周辺の従業員による持ち出し事例も、確認されている。手法としては、秘密文書のコピー、サンプルの持ち出し、スマホへのダウンロード、私物USBメモリへのコピー、スクリーンショットでの撮影、私用メルアドへの送信などだった。日本の大学に留学経験を有する研究者が、中国に帰国後、軍事研究に従事する事例も、散見されている。

中国による「人材リクルート」も活発だ。

中国の国家市場監督管理総局系の人材仲介組織の対日担当は、日本企業の幹部にパイプを持っており、既に多数の日本人技術者を獲得したとされている。定年退職した技術者、マネージメント人材、輸出管理人材も重要なターゲットで、数倍の年俸を提示し、技術やノウハウを吸い上げている。日本の大学などの研究者が「千人計画」(海外で博士号を取得したハイレベル人材の呼び戻し・著名な外国人専門家の招致)に参加していた例も、多数、確認されている。

脅威の「極超音速兵器」に必要な日本の技術

「極超音速兵器」は、マッハ5以上で飛翔する。弾道ミサイルに比べると、複雑な軌道を描くことができ、飛翔高度が低くレーダー探知距離が短いので、現存の防空システムによる迎撃は困難だと指摘されている。

中国では、軍需産業、国防科学技術大学(軍系大学)の他、国防7校と呼ばれる大学、中国科学院などが「極超音速兵器」の研究開発に従事している。

米国も「極超音速兵器」を開発しているが、現時点では中国に凌駕《りょうが》されていると聞く。

この「極超音速兵器」開発の鍵となるのが、「スクラムジェットエンジン」と「耐熱素材」の技術である。

これらの関連技術を支える日本の大学や研究機関に、中国人技術者が多数在籍していた。

中には、日本の国立大学在籍中に日本政府の科学研究費補助金を受領し、ＪＡＸＡ関連施設にも出入りし、中国に帰国後は極超音速分野の新型実験装置の開発に成功した中国科学院の研究員もいる。この実験装置がＪＡＸＡの実験装置と類似しているとの指摘もある。

北京理工大学（国防７校）副教授の専門はロケットエンジン燃焼だが、もともと同大学の兵器発射理論・技術の修士課程に在籍した後、日本の国立大学で燃焼工学を専攻し博士となり、同大学の助教を務めた。

また、ハルビン工業大学（国防７校）教授の専門はセラミックスだが、日本の国立研究開発法人の研究員を務め、中国の国防科技イノベーショングループに所属し、多機能耐熱セラミック複合材料研究を行っている。

更に、西北工業大学（国防７校）教授の専門は航空エンジン高温部品冷却技術だが、日本の国立大学の研究員を務め、中国では「国防９７３プロジェクト」「国防基礎預研」「航空発動機預研」に従事している。

この他にも、「極超音速兵器」に必要な「推進装置」「設計」「耐熱材料」「流体力学実験」などについて、中国科学院・力学研究所や国防7校の研究者が日本の学術機関に在籍し、帰国後に中国の大学や研究機関で極超音速関連研究に従事している事例が散見される。

日本の大学や研究機関においては、海外人材受け入れ時のスクリーニング（身辺調査）が甘く、日本の技術が中国の武器・装備品の性能向上を下支えしてしまっている可能性が高く、後記するような法整備が必要だ。

迂回貿易にも注意が必要

「迂回貿易による機微技術や戦略物資の中国人民解放軍への流出」についても、細心の注意と備えが必要だ。

２０２１年４月７日の『ワシントン・ポスト』の報道によると、台湾の大手半導体メーカー「ＴＳＭＣ」の半導体製品が、台湾企業の「世芯電子」（メーカーではなく、設計・販売企業）を経由して、中国企業の「天津飛騰（天津飛騰信息技術有限公司）」に納入されたそうだ。

この「天津飛騰」は、中国人民解放軍の極超音速兵器開発用スパコンのCPU（中央演算処理装置）を製造している企業で、結果的には台湾の「TSMC」の半導体製品が中国軍の兵器開発に利用された旨が指摘された。

米国政府は、この報道翌日の4月8日に、「天津飛騰」を『Entity List』（商務省の貿易制限リスト）に追加指定した。

台湾の「TSMC」と中国の「天津飛騰」を繋いだ台湾の「世芯電子」は、同社のウェブ・サイトによると、全収益の39％が中国の「天津飛騰」関連だ。同社の主要投資元は外資系ファンドで、日本の大手企業も投資を行っている。また、同社の幹部であり日本支社長を務めておられるのは、日本人技術者だ。

台湾の現政権に対する日本や米国の信頼は厚く、国際社会における台湾企業への信用度も高い状態だ。私自身も、台湾が大好きだ。

しかし、中国人民解放軍が、台湾企業への国際社会の信用度と台湾当局の輸出規制の甘さに着目して迂回貿易に利用していると考えられることから、将来的に台湾の政権が親中政権に代わってしまった場合のリスクにも留意しなければならない。

中国の国家戦略

中国が技術獲得に力を入れる背景に、2つの国家戦略がある。

1つ目は、中国が2015年に発表した『中国製造2025』で、2049年までに製造強国トップクラス入りを目指す為の国家戦略だ。

『中国製造2025』の「10大重点領域」は、「次世代情報技術」「高性能NC制御工作機械」「航空・宇宙設備」「海洋建設設備・ハイテク船舶」「先進的軌道交通設備」「省エネ・新エネルギー自動車」「電力設備」「農業用機械設備」「新素材」「バイオ医療・高性能医療機器」である。

今年3月の全人代でも、李克強総理が「総体的国家安全保障観を堅持し、国の経済安全保障を強化する」と発言し、研究開発費を増加する方針が示された。

ちなみに、米国のFBIが指名手配している中国人ハッカー（米国・日本・韓国・イギリス・オーストラリア・ドイツ・スペインなどを10年以上も攻撃）の標的は、ハイテク製造、医療機器、ゲームソフト、太陽エネルギー、製薬、コロナウイルスワクチンだった。

２つ目は、中国が２０１６年に発表した『軍民融合』政策で、２０５０年までに世界で最も先進的な軍隊にする為の国家戦略だ。

民間企業の軍需参入を推奨し、民間への指導を強化するもので、軍と大学・研究機関・企業が協力協定を締結して、共同開発を推進するなどの取組である。

『軍民融合』政策で「民間企業の軍需参入」が推奨されている領域は、「衛星製造と観測制御」「衛星ペイロード」「衛星の応用」「電子対抗」「通信・情報の安全対策」「電磁両立性と防護」「探査・目標識別」「データ・画像処理」「ネットワークセキュリティ」「ビッグデータ・クラウドコンピューティング」「クラウドセキュリティ」「スマート無人装備」「アナログ・シミュレーション」の13領域だ。

技術流出を防ぐ為に必要な法制度整備

中国の様々な法律や国家戦略を吟味した上で、内閣は「リスクの最小化」に資する法制度整備と体制強化を急がなければならない。

第1に、『国家安全保障・投資法』の制定が必要だと考える。

現状、日本の外資規制については、『外国為替及び外国貿易法』『鉱業法』『電波法』『放送法』『日本電信電話株式会社等に関する法律』『航空法』『貨物利用運送事業法』『船舶法』の8本の法律で対応しているが、これらを統括し、『政令』によって対象分野の追加を容易にするべきだ。「外資による企業買収・合併や外国企業を買収・合併する場合のルール策定と審査体制の強化」と「安全保障貿易管理規程の整備と運用体制の強化」を行っておく必要がある。

米国では、既に人民解放軍との関係を有する中国企業への輸出規制や投資規制などを進めている。

第2に、『経済安全保障包括法』の制定も必要だ。

現在の『不正競争防止法』では、日本の学術機関の研究成果が外国政府や軍に利用されることを防ぎ切れないからだ。未だ製品化が決まっていない段階の大学での研究は殆ど「営業秘密」に指定されていない上、外国人研究者が祖国の国益に貢献する行為を「図利加害目的」(不正な利益を得る目的または損害を加える目的)とは断定できないからだ。

復旦大学解放軍暗号研究共同イノベーションセンター代表を務める中国人専門家が日本の大学院で暗号技術に係る共同研究に参加した事例、イラン人研究者が日本の大学で超音速飛行体を扱う研究室に在籍した事例などがあったが、現行法では黙認する他ないのだ。

『経済安全保障包括法』では、先ず「研究申請窓口の一元化」を行い、先端技術・機微技術・戦略物資の研究を実施している学術機関・研究機関・企業を国が把握できる法的根拠を作る。

また、学術機関・研究機関・企業が「機密にアクセスできる人材を認定」する為のスクリーニングを実施する制度も導入する。外国人ならば、入国前の査証審査時の要件とするべきである。

英国では、外務・英連邦・開発省（外務省）が大学院生レベルの44分野の理系研究者をスクリーニングする制度（Academic Technology Approval Scheme）があり、「ATAS証明書」が無ければ査証の申請ができない。EU加盟国や日米など38カ国の国籍保有者は対象外だ。

サダム・フセイン時代のイラクの女性科学者で、「世界で最も危険な女性」とも呼ばれた炭疽菌・ボツリヌス菌など微生物学の専門家が英国に留学していたことが分かって以来、先ずは各大学によるスクリーニングが始まった。2007年からは『移民法』に基づく規則の付属書にATASを位置付け、根拠法に基づいて外務省が責任を持つ現制度になった。

ただし、審査時の申請内容が「身分事項」「研究内容」「発表論文」「推薦人2人の身分事項」「研究資金の財源」に限定されており、「共産党員か否か」「千人計画参加経験の有無」「研究成果の提供を本国に約束したか否か」といった項目が含まれていないことから、「知的財産の流出防止には不十分」との指摘がなされている。企業や研究機関の外国人研究者が対象外だという課題もある。

フランスとイタリアでは、査証申請を受けた段階で、外務省がスクリーニングを実施し、治安・情報機関に対する照会も行っている。

又、『経済安全保障包括法』には、研究者や社員に対する「秘密保全義務」と「罰則」も規定する。

更に、「引き抜き防止策」として、先端技術・機微技術・戦略物資の研究開発や製造に関わる日本人研究者・技術者やOBの処遇改善と活躍の場の確保を推進する施策も盛り込む。

日本の安全保障に資する研究について、長期に多額の研究開発支援を行える制度も、法律に明記する。文部科学省は「学問の自由」を保障する上で大学等の研究分野に制約を設けてはいないが、大学によっては学長が軍事転用可能な技術研究を認めていない。もともと電子レンジもインターネットも軍事技術を活かしたものであり、日本の防衛力の強化とともに民生転用による経済成長の種を撒ける環境整備が必要だ。

『経済安全保障包括法』は、包括法なので複数の法律を改正できる。特許制度の見直しも可能だ。現状では、日本の先端技術・機微技術は全て公開されてしまい、中国人民解放軍や北朝鮮軍に悪用される可能性が高い。軍事転用可能な技術を指定し、非公開にする「秘密特許」を可能にしたい。

日本を守るインテリジェンス機関の強化

経済安全保障の専門部署の体制と連携の強化によって、「情報の収集・分析」「情報保全」「情報戦略の立案」の能力向上を図ることは欠かせない。

内閣情報調査室、国家安全保障局経済班、公安調査庁、警察庁、防衛省、内閣サイバーセキュリティセンターなどについては、『特別枠』を設けてでも、人員と予算を増やすことが必須だと考える。経済安全保障の強化やテロの防止など、国民の皆様の安全を守るインテリジェンス・コミュニティの人員については、米国では10万人を擁すると言われているが、日本は50分の1にも満たない。また、米国のＣＩＡや英国のＭＩ－６に対応する組織が無いことから、情報交換や共有が困難な状態にあると思われる。同盟国や友好国の情報機関に対応する特務組織の設立は、時代の要請だと考える。

また、私の率直な感想だが、インテリジェンス機関の職員の皆様が懸命に取り組んで下さっている情報収集の成果が、内閣の政策に十分に反映されているとは言い難い。

２０２１年4月の日米首脳会談では、「経済的なもの及び他の方法による威圧の行使を含む、ルールに基づく国際秩序に合致しない中国の行動について懸念を共有」した。5月のＧ７外務・開発大臣会合では、「中国によるサイバー空間上での知的財産の窃取の他、情報操作・選挙干渉など民主主義への脅威に対抗する為のＧ７即応メカニズム（ＲＲＭ）の強化」に言及した。

今や中国は国際的な脅威となっているが、サプライチェーン・リスク対策として複数の中国企業を名指しして政府調達や民間取引から排除した米国やオーストラリアとは違い、日本の政府調達では特定の国や企業を名指しせずにセキュリティを確保する手法で凌いでいる。

日本が法制度整備や体制拡充など経済安全保障の強化に本気で迅速に取り組まなければ、同盟国・友好国の信頼を得ることができなくなり、日本企業との取引や日本の研究機関との共同研究を躊躇する国や組織が出てくる可能性もある。

日本を守る為にも、日本の持続的成長への道を絶たない為にも、時間との闘いである。

10年間を要した法整備

しかし、先見性を持って立法作業に着手したとしても、法制度整備には時間がかかることを痛感したのが、安全保障に係る土地・建物に関する規制だった。

2010年7月1日に施行された中国の『国防動員法』は、「満18歳から満60歳までの男性公民及び満18歳から満55歳までの女性公民は、国防勤務を担わなければならない」「必要な予備役要員を確保する」「公民及び組織は、平時には、法により国防動員準備業務を完遂しなければならない」と規定しており、外国在住の中国人も免除対象ではなく国防勤務の対象者だ。

企業経営者には予備役出身者が多いと聞いており、仮に日中間に軍事的対立が起きた場合には、中国資本系企業の日本事務所や中国人が所有する土地・建物も中国の国防拠点となり得るし、莫大な数の在日中国人が国防勤務に就くことになる可能性を懸念した。

翌2011年2月10日、私は、自民党議員に呼び掛けを行い、「安全保障と土地法制を研究する議員の会」を立ち上げた。『安全保障土地法（仮称）』という議員立法（私案）の骨子を提示して、議論を進めた。

当時は野党だったが、翌2012年末に政権に復帰し、政調会長に就任したことを機に、党の正式な機関として「安全保障と土地法制に関する特命委員会」を設置し、初代委員長として佐藤正久参議院議員に就任していただいた。

以後、約10年間、歴代の特命委員長を中心に熱心な議論を続けた結果、2021年の通常国会には、閣法（政府提出法案）として『重要施設周辺及び国境離島等における土地等の利用状況の調査及び利用の規制等に関する法律案』を提出していただくことができ、可決成立したことは、大きな進展だった。同法は2021年6月23日に公布され、法施行に向けて2021年7月20日には、「内閣官房　土地調査検討室」が「内閣官房・内閣府　重要土地等調査法施行準備室」に改組され、設置された。

それでも残る『国防動員法』と『国防法』の脅威

ところが、これで一安心というわけにもいかない。

『国防動員法』第55条は、「いかなる組織及び個人も、法による民生用資源の徴用を受任する義務を有する」としており、別途、『国防法』第53条が「企業事業組織」に、「民兵及び予備役工作を完遂」する義務を課している。既に「人民武装部」が設置されている日中合弁企業もある。


非常時に日本企業の資産や施設が中国人民解放軍に徴用される危険性を有している。企業内の「人民武装部」は中国共産党への絶対服従を求められる上、軍の指揮下にあることから、所属企業の技術提供を求められた場合、拒否することは困難だろう。

「日本企業内の人民武装部」の活動次第では、米国など同盟国・友好国が、安全保障上の懸念から日本企業をサプライチェーンから外すなどの制裁措置を検討する可能性もある。

国際標準化機関への影響力強化を

習近平指導部以降の中国は、「規格強国」化を掲げ、国際標準化機関における発言力の向上により、中国規格の国際標準化を提示している。

背景は「製造強国」の建設や「一帯一路」の推進といった国家戦略の推進だと考えられるが、先進国による国際的な規格・ルールの制定が、製品の輸出コストを高めるなど非関税障壁を作り出し、中国などに不利益をもたらしているとの不満も表明している。

現在、3大標準化機関のうち、IEC（国際電気標準会議）とITU（国際電気通信連合）の2機関のトップに中国人が就任している。残るISO（国際標準化機構）においても、国際幹事ポストの獲得に力を入れるとともに、新しい専門委員会（TC）の設置を頻繁に提案し、国際規格に関する議論をリードしようとしている。

日本から国際標準化のノウハウを吸収する為、日本の標準化組織関係者（ロボティクス・情報通信・MEMSなどの分野）を、それぞれ北京理工大学、南海大学、上海大学、北京航空航天大学の教授として招聘している。

ファーウェイは、日本の国際標準化組織関係者を２０１８年に技術顧問として迎えた。ご本人が２０１９年に辞任したのだが、国際会議での審議進行のノウハウ獲得を目的としていたと見られている。複数の在日中国企業が、日本の標準化組織が所属する業界団体に加盟していることにも、留意が必要だ。

日本が既に国際規格登録を終えていた光ケーブルのコネクターについて、中国は２０２０年10月に日本製品を微修正した仕様を国際規格として登録申請している。審議継続となったが、２０２１年８月現在、中国規格が正式登録される可能性が高い状況になってしまっている。

日本企業の中には、国際標準化に無関心な企業や消極的な企業も見受けられる。日本が優位性を維持している分野もあるものの、スマートシティなど新興分野では中国が優勢になっている。

技術革新のスピードが上がっている今、国家戦略として「国際標準化」にも更に力を入れ、日本人が国際機関の重要ポストを積極的に取りに行く為の活動を進めたい。

「日本的経営」の再評価

先端技術の海外流出を防止する為に、日本企業も様々な努力を続けている。

日本電子の栗原権右衛門会長に伺ってみたところ、「かつては北京に製造拠点があったが、私が止めた」「世界各地に展開しているのは販売拠点とサービス・メンテナンスの拠点ばかり」「現在の製造拠点は国内だけで、技術流出の心配はない」ということだった。

ファナックの山口賢治社長にも伺ってみた。

「生産拠点は国内だけで、海外には生産拠点は持たない。山梨の本社工場の他、ＢＣＰ（事業継続計画）の観点から栃木、茨城に工場を置いている。販売、サービス拠点、生産は日本国内が基本だ」「北京の合弁は、税金の問題もあってノックダウンの形をとっているが、ノウハウは漏れない」「上海の合弁では、20年以上にわたって『ロボットを現地生産してくれ』と言われている。周辺装置の生産は現地でやらせているが、ロボット本体は作らせない。『ロボットは、周辺装置を含めシステムにしないと動かない』と合弁相手に説明している」「他のメーカーは、中国でも生産している。やっていないのはファナックだけ」と胸を張っておられた。

しかし、現地からの圧力は高まっているようだ。製品販売先の顧客も中国政府系なので、「何故、中国で生産しないのか」と言われているそうだ。「ロボットは、中国政府が重点分野に位置付けているので。しかし、ソフトウェアを持って行かない限り、ノウハウは漏れない」という山口社長の言葉に安心したが、ご苦労は大変なものだと思った。

国際競争の激化と中国の国家戦略によって、最近、「日本的経営」の再評価が為されているように感じている。

2004年だったと記憶するが、キヤノンの御手洗冨士夫社長（当時）が、月刊誌のインタビューで「終身雇用は守る、と社員に向けて何度も繰り返してきた。社員は自分の仕事内容が大きく変わろうと、安心して将来を見据え、地道な努力を続ける事ができた」と発言しておられた。

シャープの町田勝彦社長（当時）も、「技術の融合を生む為にも、社内にノウハウ、人材のストックを如何に積み重ねるかが重要。頑張って終身雇用を維持していきたい」と仰っていた。

1990年代から、日本では「キャリアアップの為の転職」がブームとなり、人材の流動化が起こり、能力主義の人事・給与システムを取り入れる企業も増え、定年制度を前提とした「終身雇用制」は徐々に形骸化しつつあった。

そんな潮流の中での両社長のご発言に、私は賛意を表していた。

その頃、一部の米国企業が、「日本的経営」を模倣し始めていたからだ。「終身雇用制」や「チームワーク制」だ。米国のシスコシステムズでは、離職率は僅か8%。社員間のチームワークを重視し、経営陣の報酬も低額に抑えていた。入社時にはオリエンテーションも行い、社員への企業文化浸透に取り組んでいた。

当時の日本では、社員研修など人材育成投資を縮小していたが、米国やEUでは社員研修費用が大幅に伸び、社員1人当たりにかける金額では日本企業の2倍から3倍となっていた。1992年に製造業労働生産性で米国が日本を抜き、その差は拡大し続けていた。

当時は、「時代に逆行する考え方だ」と批判もされたが、私は、むしろ、長期雇用を前提とした人材育成投資の拡充が、未来の競争力の鍵となる予感がしていた。

近年では、中国政府の戦略によって、日本の先進技術・機微技術・重要物資の流出、技術者やマネージメント人材、輸出管理人材の引き抜きが、大きな懸念材料になっている。中国リスクへの対応としては、「日本的経営」の中で特にメリットが大きいのが「終身雇用制」だろう。

「終身雇用制」は、「技術や営業秘密の流出防止」に資するだけでなく、「長期的な研究開発」や「継続的な社員研修」を可能にする。従業員も、「雇用が安定」することから「安心して消費」ができる。消費マインドの改善は、日本経済に良い影響を与える。

他方、「日本的経営」の「年功序列人事」や「格差が小さい賃金体系」については、昨今では、むしろ優秀な人材の流出に直結してしまうリスクを含むと感じる。

ハーバード・ビジネススクールの竹内弘高教授によると、ダボスの国際ビジネス・カウンセルが提唱した「Ｓｔａｋｅｈｏｌｄｅｒ Ｃａｐｉｔａｌｉｓｍ」も、元々は日本企業が持っていた経営理念だという。

国際ビジネス・カウンセルは、「消費者」「従業員」「社会」「サプライヤー」「株主」の5つが大事という考えだ。これは、「日本的経営」の「世の為、人の為」と同じで、これが長期的イノベーションを引き起こすという。シリコンバレー的な「値段を上げてｅｘｉｔして売ってしまう」というのとは対極の考えだ。最近の米国では「パーパスに基づく経営」と言われて評価されているそうだ。

竹内教授は、「今、日本で成功している企業は、独自の長期戦略を実行している企業だ」「経営者には、パーパス（長期的目標）とミッション（使命）が大事だ」と指摘する。

例えば、創業１００年企業である自転車部品のシマノは、「選択と集中」が上手くいっている。創業者の吉田忠雄氏以来、長年にわたって吉田ファミリーが率いていたＹＫＫも同じだ。エーザイは、アルツハイマー治療薬で最先端だが、創業家の内藤晴夫社長が30年以上も社長として活躍しておられる。ホンダの飛行機が成功したのは、創業者である本田宗一郎氏の「飛びたい」という想いが原点だ。バイク、自動車、飛行機とモビリティを追求してきて、それが代々伝わったからこそ二輪のエンブレムは翼なのだそうだ。

竹内教授は、「共通するのは『Ｆａｍｉｌｙ Ｏｗｎｅｄ Ｂｕｓｉｎｅｓｓ』（同族経営）の延長でビジネスを成功させていることだ」と分析しておられる。創業者の夢や想い、

DNAが貫かれているということだ。

日本では、「同族経営」が批判的に見られることが多くなった。近年は欧米企業が、直観力と即断が可能で、パーパスとミッションを持って経営ができる「Family Owned Business」の手法を学んでいるそうだ。

同族経営ではなくても、米国はCEOの在任期間が長い。日本では2年毎にコロコロ変わってマックス6年だ。竹内教授は、「伊藤忠は、良い経営者が出たら長くやっている。日本もそれで良い」「投資判断はトップの一番大事な仕事だが、日本は社長になったらゴール達成なのでリスクを取らない」とも指摘しておられた。

結論としては、日本にとって「連続的イノベーションを、社会でどう生み続けるかが課題だ」ということだった。


京都大学大学院の藤井聡教授は、企業の短期的・近視眼的な振る舞いを助長する「株主資本主義」から、企業の長期的・公共的な活動を促す「公益資本主義」への移行の必要性を主張しておられる。「株主」だけではなく、「従業員」「顧客」「取引先」「社会」に配慮すること、「四半期主義」ではなく「長期的な研究開発・人材投資」を促進するべきだということだ。藤井教授のお考えも、かつての「日本的経営」の再評価だと感じる。

私は、大学卒業後の5年間、当時はご健在だった松下幸之助氏の側で薫陶《くんとう》を賜る機会を得て、「産業報国の精神」「力闘向上の精神」「感謝報恩の精神」など、松下電器産業（現パナソニック）の『遵奉《じゅんぽう》すべき七精神』についても学んだ。企業は、社会全体の富と幸福に寄与すること。しっかりと利益を上げて、納税をする責務があること。いかなる逆境にあっても、企業と個人の能力を向上させること。感謝の気持ちを持ち続け、安らかに喜びと活力をもって暮らすこと。松下幸之助氏が、業況悪化時でもリストラを回避して「終身雇用制」を守ることに拘っておられたことを、改めて思い出している。

ファナックの山口賢治社長も、顧客のニーズに応え抜く「日本的経営」を体現しておられる。「製品は、工場で使うものなので、壊れない、壊れる前に知らせる、壊れてもすぐ直せるという『高信頼性』と『生涯保守』が基本ポリシーだ。20年、30年、40年と長く使って頂く為に、保守は打ち切らない」「古い試験装置や部品などを、生産中止になる前に何十年分と買い込んでおく」と仰っていた。

日本電子の栗原権右衛門会長は、「日本電子のDNAは、『公の為に尽くすこと』だ」と仰った。更に、フランスの細菌学者パスツールの「科学に国境は無い。しかし、科学者には祖国がある」という言葉を引きながら、「事業に国境は無い。しかし、企業には祖国がある」という日本電子の想いを教えて下さった。

第4章
サイバーセキュリティの強化
――「成長に向けた投資」への転換

サイバー攻撃の急増

前回2017年10月の衆議院選挙では、政見放送でサイバー攻撃の深刻な状況に触れ、街頭演説でも「サイバー攻撃対策」と「防災対策」の強化を主要公約として訴え続けた。

しかし、4年前には、「サイバー攻撃」と申し上げても、全体的には関心が低い時期で、自民党でも内閣でも、サイバーセキュリティ対策について声を上げている人は限定的な状況だった。

衆議院選挙直後に、安倍総理が、自民党本部に総裁直轄機関として「サイバーセキュリティ対策本部」を新設して下さり、本部長として2任期を務めさせていただいた。2回にわたって多数の項目を盛り込んだ『提言書』を取り纏《まと》め、総理や官房長官に提出した。政府全体のサイバーセキュリティ対策予算は大幅に増えたし、「空港」を「重要インフラ」に追加するなど、一定の成果は上がった。政府からは、2回の提言に記した政策項目のうち、合計94件を実行したこと、24件が検討中であること、3件が未着手であると、報告を頂いた。法制度整備に係る提言は、未だ実行されていない。

4年前とは違って、最近では多くの国民の皆様がサイバーセキュリティに関心を持って下さるようになった。マスコミも様々なサイバー犯罪を報道するようになり、身近な脅威と捉える方が増えたからだと思う。

最近では、2021年5月7日に米国の石油パイプライン企業がランサムウェアによるサイバー攻撃を受け、パイプラインによる輸送業務を停止した。パイプラインの操業再開は6日後だったが、サプライチェーンの正常化には更に数日を要した。

日本でも、5月に富士通の情報共有ツールへの不正アクセスにより、顧客情報が流出したことから、富士通は同ツールの運用を停止した旨を発表した。同時期には、政府機関や重要インフラ事業者を含む複数の機関で情報漏洩があった旨が発表された。

NICT（国立研究開発法人　情報通信研究機構）の観測データから、「国外の送信元から日本国内に向けたサイバー攻撃」の1年間のパケット数を日割り平均してみた。

前回の選挙年だった2017年は、1日平均が約3億9000万回だった。翌2018年は、1日平均が約5億2000万回に増えた。

最新の数字は2020年だが、1日平均が約13億6600万回にまで激増している。年間ではなく1日あたりだから、防御も大変なことになっている。

国民の皆様の生命と財産を守る為には、特に「医療」「航空」「鉄道」「自動車」「電力」「ガス」「水道」「金融」「クレジット」などの分野へのサイバー防御体制を樹立し、対策を強化することが喫緊の課題だ。

過去10年間に発生したサイバー攻撃被害やセキュリティイベントで技術者が発表した様々な脆弱性に係る指摘を見ると明らかだ。

医療分野における脅威

先ず、私達の生命の安全に直結する「医療」の分野を例示する。

2011年には、「糖尿病患者用インスリンポンプ」に、無線機能の脆弱性を悪用して侵入し、インスリン投与量を外部から操作できることが発表された。

2013年には、米国の政府機関が、「人工呼吸器」「麻酔器」「薬物注入ポンプ」など、40ベンダー、約300の医療機器に関し、機器によっては遠隔操作が可能だと発表し、警告を発出した。

2018年の技術者からのヒアリングでは、「ペースメーカー」や「植込み型除細動器」にも脆弱性があり、「植込み型除細動器」を遠隔操作し、心臓に致命傷を与える830ボルトの電流を流すことが可能だということだった。

2016年以降、医療機関ではランサムウェアによる「暗号化被害」が相次いだ。パソコンを使った業務ができなくなり、米国の医療機関では、身代金を払うまでの10日間、患者の「メディカル・レコード」にアクセスできず、CTスキャンや薬局もオフラインになった。

2017年には、日本を含めて世界で少なくとも150カ国において、医療機関、政府機関、銀行、大手企業等のコンピュータがランサムウェア「WannaCry」に感染した。英国では、「国民保健サービス（NHS）」を提供する48団体で、コンピュータが使用不能となり、20以上の医療機関で、予約・診断・手術・救急搬送の受入れを中止した。

2018年には、ロシアの医療機関に対して、難度の高い脳手術中に、手術に必要なシステムや計器類が無効化されるというランサムウェア攻撃が実行された。

医療機関については、「パブリックエリア（外来者が利用するエリア）」「オフィスエリア（一般業務のエリア）」「セキュリティエリア（機密情報を扱うエリア）」で、ネットワークやシステムアクセス権限を区分し、「業務やデータの機密性に応じたインフラ設計」と「運用管理」を実施することが必要だ。攻撃に備えて、患者の生命に関わる重要データのバックアップを必ず取っておくべきことは言うまでもない。

また、残念なことだが、出入り事業者による犯行防止対策も必要だ。事務、清掃、機器点検など、人材派遣・メンテナンス事業者の選定方法や契約の在り方については、再チェックするべきである。ちなみに、大手電力会社に聞いてみると、「セキュリティエリア」については、勤続10年以上で、業務態度でも信頼度の高い社員を、2人セットで入れるというルールを作っていた。

また、医療機器は、10年以上使用される事もあり、OSで古いバージョンのソフトウェアが利用されているケースも数多く残存している。しかし、「OSのアップデート」や「不具合対策のモジュール適用」が「本来機能を損なう別の不具合」を内包している可能性にも留意しなければならない。

よって、医療機器の安全性を担う「医療機器製造業者」、組織としての対策を行う「医療機関」、脆弱性や攻撃の分析を行う「セキュリティ機関」、規制やガイドラインを提供する「国や自治体」が、連携・協調して対応することが必要である。特にサイバーセキュリティ対策のコストを心配する医療機関が多いことから、国による支援、つまり「危機管理投資」が求められる分野である。

自動車分野における脅威

同じく私達の生命の安全に直結し、暮らしに身近な「自動車」の分野も例示しておく。

2015年には、米国でCAN（Car Area Network）を介して、自動車の主要搭載部をハッキングする実演が行われた。その結果、攻撃者の自宅リビングからの遠隔操作により、「走行中のエンジン停止」「ブレーキの無効化」「ハンドル操作」「ワイパーやエアコンの操作」「ドアロックの解除」が可能と判明し、当該自動車を販売していたメーカーは140万台をリコールした。同年、他社や他国メーカーの自動車にも次々と脆弱性が見付かり、日本でも国産自動車のハッキング実験が行われた。

現在、日本の自動車メーカーでは、情報通信企業の技術者と連携しながら、サイバー攻撃対策を強化している。

1台の自動車に搭載されているコンピュータは、約100個だ。外部と通信ができる

IoTへの対策だけではなく、整備点検時やカーシェアリング時の悪意あるチップの埋め込みを防止する対策も重要だ。

更に、車載センサーによる位置情報を補正する「準天頂《じゅんてんちょう》衛星システム」についても、偽の管制コマンドの発信に加え、ジャミング（妨害電波）による位置情報の不具合を避ける対策が求められる。

金融・クレジット分野における脅威

財産を守る上で懸念が大きいのが「金融」「クレジット分野」への攻撃だ。

2018年9月には、複数の日本の仮想通貨交換業者から合計約70億円相当の暗号資産が不正に送信される事件が発生し、2019年7月にも、同様の事件で合計約30億円相当の不正送信が発生した。

2019年6月には、イオン銀行が、不正アクセスを受け、約700件のアカウントで合計約2200万円の不正利用が確認されたことを公表した。

2019年7月には、株式会社セブン・ペイが、同月にサービスを開始したばかりのスマートフォン決済「7pay」が不正利用され、807人に合計3860万円の被害が確認されたことを公表した。

2020年9月には、「ドコモ口座」をはじめとした電子決済サービス、ゆうちょ銀行の「mijica」やSBI証券で、不正アクセスにより、不正送金や顧客資産の流出が発生したことが、相次いで発覚した。

多様な分野における脅威

他の分野でも、世界各国では、変電所への攻撃による累次の大規模停電、チェルノブイリの放射線レベル測定システムにも影響が出たランサムウェア攻撃、空港や鉄道への攻撃による運航障害、フランスの国営放送局のチャンネルとウェブ・サイトが乗っ取られテロ組織の犯行声明が流れた事件、米国海軍の契約業者へのハッキングにより潜水艦搭載の超音速対艦ミサイルの秘密情報が流出した事件、軍事用ドローンを他国領域に誘導して着陸させた事件など、枚挙に暇がない。

特に2018年8月に、飛行中の飛行機の飛行経路データや乗客の通信記録を衛星通信経由でハッキングできることが明らかになり、これは怖いと思った。航空機内のWi-Fiを通じて、衛星通信システムに接続する他のデバイスに接続する足掛かりを与えてしまうということだからだ。

日本が実行するべき対策

年々サイバー攻撃が巧妙化していく中で、政府が為すべきことは多々ある。

第1に、政府も企業も、サイバーセキュリティ対策にかかる費用や時間を、「やむを得ないコスト」と捉えるのではなく、「成長に向けた投資」へと、発想を大転換するべきだ。

災害復旧に事前防災を超えるコストを要するのと同様だが、サイバー攻撃を受けて、業務継続が困難、納期を守れない、取引先に被害を拡大させたといった事態になると、株価の下落、信頼失墜、損害賠償など、「リカバリに要するコスト」は「事前のセキュリティ対策に要するコスト」を上回る。

他方、「高度なサイバーセキュリティを誇る製品・サービス」が、国内外の市場で高い評価を受ける時代が到来しており、高セキュリティ製品やサービスの開発とともに、輸出後のセキュリティメンテナンスや現地での人材育成をセットにしたインフラシステム輸出を国が財政的に支援する施策は「成長投資」になる。

第2に、テレワークが急速に普及する中で、1人の不注意が職場全体のネットワークを危険に晒《さら》し、取引先にまでウイルス感染を拡げてしまうリスクも顕在化していることから、「中小企業のセキュリティ対策強化」を、現状よりも使い勝手の良い税制、高度セキュリティ人材の派遣、政府関係機関が提供中のサイバー演習（CYDER等）の参加費軽減などによって、強力に支援するべきだ。

第3に、中小企業・小規模事業者を対象に、「販売前のIoT機器のペネトレーションテスト（脆弱性検査）」に要する費用への財政支援を行うべきだ。

民間の検査事業者の資料を見ると1機器につき500万円の代金が必要とされており、中小企業・小規模事業者がこの費用を節約した結果、セキュリティが脆弱なIoT機器が家庭や職場に普及してしまう。国が一定額の補助を行うことは「危機管理投資」として有効な施策だ。尚、販売後のIoT機器については、既に総務省が「NOTICE」

という施策で脆弱性検査を実施している。

第4に、産学官のいずれにおいても不足している「高度セキュリティ人材の育成と処遇改善」に、国費を投ずるべきである。理工系人材であれば、集中的な訓練によって比較的短期間で高度セキュリティ人材になり得ると聞いている。

欧米では、ホワイトハッカーは基本給で食べているわけではなくて、セキュリティー・ホールを見つけると報奨金を得られる仕組みだ。日本では、ゲームのバグを見つけるのは、主にゲームのユーザー達だ。彼らの目的は、お金ではなく自己実現だ。この高度なスキルを持ったゲームのユーザー達がセキュリティ分野で活躍する可能性は高く、日本のセキュリティ人材資源には伸《の》び代《しろ》があると感じている。

少数ながら日本にも存在する「攻撃者特定に至る能力を有する人材」を政府機関に確保し、その処遇と権限を明確にすることも必要だ。

政府では、様々な取組を行う為に、予算編成において「サイバーセキュリティ特別枠」を設定し、「高度セキュリティ人材俸給表」を新設するべきだ。現状、日本政府全体のサイバーセキュリティ対策予算は、米国の予算（軍事関連を除く）の10分の1以下である。

第5に、情報を安全にやり取りできる「量子暗号通信」の研究開発と社会実装を促進する為の支援を行うべきである。その後は、中国に負けずに量子暗号通信網整備への投資を進めていかなければならない。

第6に、「海底ケーブル」からの情報窃取に対する防護強化も不可欠だ。

第7に、初等中等教育の場はもとより、各警察署のご協力を得ながら地域社会で幅広い世代を対象にした「情報セキュリティ教育」を実施することが必要だ。

例えば、「不審なメールの添付ファイルを開いたり、ＵＲＬ（インターネットアドレス）をクリックしたりしないこと」「落とし物のＵＳＢメモリを不用意にパソコンに挿《さ》してしまわないこと」「スマートフォンにアプリを取り込む時には、信頼性を確認すること」「フリーＷｉＦｉ（公衆無線ＬＡＮ）は、セキュリティ対策を確認してから利用すること」「利用している金融機関やクレジット事業者名のメールが届いても安易に開かず、面倒でも当該機関の公式サイトからアクセスして事実確認をすること」「セキュリティソフトのアップデートを怠らないこと」など、基本的な対策を多くの方が共有することによって、相当数の被害と社会的コストは減らせる。

最も困難だが、最も重要な対策

第8に、攻撃者を特定できた場合には、攻撃者に対して、日本にサイバー攻撃を行うことのリスクやコストを認識させ、対抗策を取る意思と能力を示さなければならない。

その為には、「攻撃者特定能力の向上」とともに、政府が必要に応じて、経済制裁などの「政治的反撃」や、サイバー空間における反撃が必要になった場合には「アクティブ・ディフェンス」を行うべきであり、その根拠法の整備が必要だ。

先ず、政府機関による「攻撃者の特定」については、『日本国憲法』第21条が定める「通信の秘密」によって情報収集や日米の情報共有に制約がかからないよう、第12条の「公共の福祉」との関係を明確にして、根拠法を整備しておく必要がある。

次に、「政治的反撃」（経済制裁など）を容易にする根拠法整備については、米国の『国際緊急経済権限法』が参考になる。同法は、国家安全保障や経済への重大な脅威に対する「金融制裁」等について規定した法律だ。

更に、「サイバー空間における反撃」を可能にする根拠法を整備するべきだが、内閣の命運を賭ける程の大議論になるだろう。技術的な牽制・抑制を行う為には、「サイバー反撃権」「サイバー自衛権」について、議論を深めなければならないからだ。

既に『防衛大綱』には、「有事において、我が国への攻撃に際して当該攻撃に用いられる相手方によるサイバー空間の利用を妨げる能力」については明記されている。

『日本国憲法』第9条との関係では、『自衛の措置としての武力の行使の三要件』、つまり、「我が国に対する武力攻撃が発生したこと、または我が国と密接な関係にある他国に対する武力攻撃が発生し、これにより我が国の存立が脅かされ、国民の生命、自由及び幸福追求の権利が根底から覆される明白な危険があること」「これを排除し、我が国の存立を全うし、国民を守る為に他に適当な手段がないこと」「必要最小限度の実力行使に止まるべきこと」を満たせば、「自衛権の行使」が認められるものの、「サイバー攻撃が、武力攻撃に該当するか否か」「攻撃と国家の関係を断定できるか否か」といった困難な課題が存在する。

政府は、日本の安全保障に資する為、「サイバー攻撃と武力攻撃との関係」についての国際的な議論に積極的に参画するとともに、「自衛権」との関係についても、整理を始めるべきである。

「武力攻撃」に該当するサイバー攻撃に対して自衛権の行使が可能であることを前提として、サイバー攻撃のうち、『国連憲章』第51条の「武力攻撃」に該当するものについて、更に議論を深めることも必要だ。

安倍内閣時の2019年4月19日に開催された2+2(日米安全保障協議委員会)では、「国際法がサイバー空間に適用されるとともに、一定の場合には、サイバー攻撃が『日米安保条約』第5条の規定の適用上『武力攻撃』を構成し得る」「いかなる場合にサイバー攻撃が第5条の下での『武力攻撃』を構成するかは、他の脅威の場合と同様に、日米間の緊密な協議を通じて個別具体的に判断すること」が確認された。

サイバー攻撃が「武力攻撃」に該当しない場合で、「武力による威嚇」又は「武力の行使」に該当する場合に取り得る措置の明確化も必要である。如何なる場合に「対抗措置」「緊急避難」「不可抗力」に該当するのかについても、整理しなければならない。

「サイバー空間における反撃」としては、「犯罪に使用されていると判明したサーバに対して大量の接続要求を送信し、当該サーバを使用できなくする」「政府の機密情報を窃取したサーバに対して不正アクセスをすることによって、窃取された情報を削除する」などの方法が考えられるが、このような任務を実行する権限を特定の政府機関に付与する法律が存在しない現状だ。

米国では、既に先手を打ったサイバー攻撃を行うとともに、サイバー反撃を実施する組織整備と官民連携も進んでいる。今年4月には、司法省公認でFBIがマルウェア感染したサーバに侵入し、マルウェアを無害化するオペレーションも可能になった。

日本でも、「サイバー攻撃技術の全自動化」に向けた研究開発を推進している企業が存在しており、ファジングシステム（大量の入力を生成して検査対象のプログラムを実行し脆弱性を探す）も開発している。ファジングツールの販売は現行法でも可能だが、ファジングによる生成物の販売は法的リスクを伴う為、少なくとも法執行機関に対しては販売を可能とする必要がある。

第9に、前記した「攻撃者の特定」に関することだが、捜査機関が最も有効な捜査手法を選択することを可能とする為には、複数の法改正が必要だ。

2021年4月20日には、警視庁公安部が、JAXAや国内の約200の研究機関や企業を標的にしたサイバー攻撃に関与したとして、中国共産党員のシステムエンジニアを、電磁的記録不正作出・供用の疑いで書類送検した。容疑者が既に出国してしまっていたのは残念だったが、日本の捜査機関が攻撃者を特定し事件化したことは異例のことで、警視庁公安部の粘り強い捜査に敬意を表する。

警察庁でも、2022年4月に、「情報通信局」を改組して「サイバー局」が新設される予定と聞いており、多様なサイバー犯罪に対して、資源を増強して一元的に対応できる体制が整うことを期待している。

そのような時期だからこそ、新たな捜査手法を法的に担保しておく必要性を強調しておきたい。

例えば、捜査機関が、令状を取得した上で、被疑者のパソコンやスマートフォン端末にウイルスを仕込むことを可能とする権限を認めることだ。このウイルスに、仕込んだ端末から接続されるURL（インターネットアドレス）やキーログ（キーボードの入力値）を、秘密裏に捜査機関のサーバに送信する機能を持たせることで、被疑者の行動を逐一把握できるようになる。ウイルスは、警察が作成するポリスウェアやリーガルウェアと呼ばれるものを使用する。米国ではリバースウェアと呼ばれているが、ウイルスを被疑者の端末に仕込むことも含めて令状があれば可能だ。

日本の捜査機関が同様の手段を取れば、『不正アクセス禁止法』違反や『刑法』の「ウイルス作成罪」に問われる可能性が高い。『刑法』第１６８条が「ウイルス作成」の「正当な理由」としているのは、「研究目的」と「セキュリティ診断目的」であり、「捜査目的」や「反撃目的」は含まれないからだ。

海外に所在するサーバに対して、強制処分としてデータを収集する捜査手法も、明確に認める必要がある。現状では、海外にサーバがあると判明した場合、『刑事訴訟法』に基づく「リモートアクセスによる複写の処分」や「記録命令付差押」の令状を裁判官が発付しない場合もあるので、円滑に執行できるよう、法制度や実務を整備するべきだ。

第10に、サイバーセキュリティ対策全般に一元的な権限と責任を持ち、十分な資源を備えた組織の創設だ。

現在、防衛省・自衛隊のシステムは自衛隊自身が防御している。

しかし、医療、航空、鉄道、自動車、電力、ガス、水道など、私達の生命に関わる民間のインフラが攻撃された場合の「分析・防御・反撃の主体」「権限」については明確化されていないことが、最も差し迫った課題だ。

ＩｏＴ、ドローン、ＡＩなど、所管官庁が異なる技術成果を組み合わせた製品・サービスが増えつつあり、被害の拡大を防止する目的でサイバーインシデントの迅速な報告を義務化しても、報告先の官庁が分かりにくい。ユーザーの安全確保を目的にした法整備を検討する場合にも、主管官庁を決めにくくなっている。

米国では、司法省のＦＢＩが、テロやサイバー攻撃、広域事件の捜査を一元的に行ってきたが、２０１８年11月に、ＤＨＳ（国土安全保障省）にＣＩＳＡ（サイバーセキュリティ・インフラセキュリティ庁）が設立された。英国では、内務省のＮＣＡ（国家犯罪対策庁）がサイバー攻撃捜査や国家安全保障に関わる組織犯罪捜査を担う。ドイツでは、ＢＫＡ（連邦刑事庁）がテロやサイバー攻撃捜査を担う。

私は、「情報通信省」（総務省・経済産業省・文部科学省などに分散している情報通信技術開発や産業振興部門を統一）を設置し、その外局として「情報セキュリティ庁」を設置し、分析・調整業務、必要な法制度整備、捜査、防御、反撃までを行う権限を持つ組織とすることを求めている。現在は、国家安全保障局、内閣サイバーセキュリティセンター、総務省、警察庁などに分散している業務を統合することになる。

この分野以外でも、国際情勢や社会的課題の変容、技術革新を踏まえた「令和の省庁再編」の時期が到来していると考える。

例えば、「通商代表部」（日本版ＵＳＴＲ）や「対日外国投資委員会」（日本版ＣＦＩＵＳ）の設置、前記した「環境エネルギー省」への再編などが視野に入っている。

第5章

地方の未来を拓く
―3つのキーワード

コロナ禍を乗り越える為に

本稿執筆中の２０２１年8月現在は、地方でも、新型コロナウイルス感染症の感染拡大が深刻な状況だ。

２０２１年5月28日に、自民党の同志議員とともに、菅義偉総理宛の提言書を提出した。「コロナ禍前の令和元年度の課税所得と2年度課税所得の差額の8割を、税理士会の協力を得て還付金用口座に振込むこと」「小規模事業者には、１００万円と２００万円の持続化給付金を再支給すること（減収要件を3割にする）」「生活困窮者に、特別定額給付金10万円を再支給すること」「予備費残額３兆９８８０億円（5月時点）を早期に活用し、不足分は補正予算で措置すること」等の内容だ。しかし、補正予算の編成が無いまま通常国会は閉会となり、その落胆は大きかった。

先ず、病床や医療従事者の確保、宿泊療養先となるホテルや旅館の借り上げについては、更に思い切った国費の投入をしなければ、地方自治体では対応し切れない。生命に関わる対策について、国費を出し惜しんではならない。

また、飲食業や宿泊業のみならず、幅広い事業者に深刻な影響が出ている。雇用の減少、生活困窮者の増加、事業者の経営難への対応など、当面の社会活動への下支えが最優先である。国は、地方創生臨時交付金で強力な支援を続けるとともに、地方自治体も、同交付金を「事業主体を減らさない為の施策」に優先的に活用し、迅速に事業者に支給するべき時だと思う。

新型コロナウイルス感染症の収束後には、買い物、外食、旅行など、我慢していた消費が爆発的に増える「消費急増期」が到来するはずである。その時に地方経済の担い手となる事業主体が消滅していては話にならないからだ。

更に、「消費急増期」に向けて、地方は、今のうちに「選ばれる商品・サービス」の準備を行うこと、「地域資源」を再評価して地域に人を呼び込む準備を進めておくことが必要だ。

私は、アフターコロナの地方創生のキーワードは、「新しい働き方、暮らし方」「デジタル・トランスフォーメーション」「地産地消型エネルギー需給体制の構築」だと思う。

新しい働き方、暮らし方

コロナ禍や地震の多発により、「東京一極集中」のトレンドは明らかに変化しており、「新次元の地方分散」「不可逆的変化」とも言える状況が生まれている。

２０２０年中に、全従業者の3分の1がテレワークを経験し、東京23区の20代の若者の35％が地方移住に関心を示した。現在も、テレワークを前提に東京都心から地方に本社移転を計画する企業が増え、遠隔講義と対面講義の組み合わせを前提に地方キャンパスを探す大学も見受けられる。

地方自治体は、この潮流を捉え、「公営住宅や空き家などを活用した住居とテレワーク拠点の整備」「情報通信環境の整備」「質の高いデジタル人材の育成」などにより、地方移転を考える人材・企業・大学などを積極的に取り込むべき時期である。

総務大臣在任中に、私は「ふるさとテレワーク」という実証事業（地方にサテライトオフィスを整備する施策）に力を入れていた。

和歌山県白浜町では、サテライトオフィスを活用して、複数のＩＴ関連企業が移転し、社員の長期派遣を行った。首都圏に比べると通勤時間が大幅に短縮し、生産性も上がり、契約金額は6割超の増加という成果が上がった。また、進出企業がボランティアで白浜町の子供達にＩＴ教育を行い、地域の未来を担う人材育成にも貢献して下さった。

福岡県糸島市では、託児施設付きの、子供連れＯＫのコワーキングスペース整備により、テレワークの推進に加え、女性活躍の支援にも繋がった。

近年は国の支援メニューも増加してきており、「地方創生テレワーク推進交付金（内閣府）」「地域サテライトオフィス整備推進事業（総務省）」「雇用型テレワーク導入・定着事業（厚労省）」を活用していただくとともに、総務省予算で「テレワークマネージャー」も大幅に増員したので、地方行政や地方企業におけるテレワーク導入のノウハウに関する相談に活用していただきたい。

デジタル・トランスフォーメーション

「デジタル・トランスフォーメーション（ＤＸ）」というのは、経済産業省の定義によると、「データとデジタル技術を活用して、顧客や社会のニーズを基に、製品・サービス・

ビジネスモデルを変革するとともに、業務・組織・プロセスなどを変革し、競争上の優位を確立すること」とされている。

幸い、日本列島の隅々まで光ファイバが張り巡らされており、鉄道や道路などのインフラと違って、通信インフラ面では大都市と地方の格差は小さい。

そして、地方の課題というのは、日本の他の地域だけではなく、諸外国にとっても共通であることが多い。海外展開の可能性が拓けるテーマだ。DXを活用した地域課題の解決を「成長投資」と捉えて、国は実証事業などで強力に後押しを続けるべきだ。

東京大学工学部長の染谷隆夫教授は、「地域の課題を知った上で、現場と行き来しながらネットワークを拡げ、最先端の技術を使って課題解決をする。その上で世界に展開していくことだ」と仰っていた。長崎県は坂道が多い。長崎リハビリ病院では、センサーを使って、如何に高齢者が坂道の登り降りをする支援をするのかという課題に取り組んでいるそうだ。これも、ローカルな課題を解いた上で世界に出て行ける可能性のある事例として、紹介しておられた。

東京大学の坂田一郎副学長は、「地方においても、ＡＩは共通課題を発見するツールとして必要だ。物理や化学と違って横断的な学問なので、あらゆるものに乗せられる。

物理や数学の基礎がある学生ならば、数カ月で育成できる。地方大学でＡＩ人材を育成していけば、地方企業にとっても魅力ある人材になる」と指摘しておられた。

地方のＤＸについては、単なる「ハンコ廃止」や「行政のシステム更新」に止まらず、住民生活を「便利に、安心に、そして豊かに」するようなものであって欲しいと願う。現在でも、「子育て支援サービスのプッシュ型通知」「住民から行政への道路補修箇所の通報」など、地方自治体が身近なサービスにスマートフォンを活用している事例は多い。奈良県の田原本町では、町管理の河川にＩｏＴ水位計を設置して、増水時には周辺住民のスマートフォンに一斉に避難勧告が送信される。

私が数年前から注目していたのは、埼玉県さいたま市が「保育所利用調整業務」にＡＩを導入したことだ。多くの地方自治体が苦労しておられることだと思うが、入所希望保育所と空き保育所のマッチングは、「兄弟姉妹を同じ保育所に入所させたいという希望への対応」や「優先順位の検討」などが必要で、大変な業務量になる。さいたま市でも、従来は市役所職員30人が１人あたり約50時間、延べ約１５００時間をかけて調整を行っていたという。ところが、ＡＩを活用することで、同じ業務が数秒間で完了し、「市役所職員の他の業務への効率配置」や「申請者への決定通知の早期発信」による「親の復職の円滑化」が可能になった。

総務大臣在任中には「ICT（情報通信技術）活用の実証事業」を複数実施し、地方が直面する幅広い分野の課題解決に資することを実感した。

長野県塩尻市では、「鳥獣害対策」にICTを活用した。水田の周辺に設置された檻や罠にセンサーを設置し、センサーが獣を感知すると、サイレンやフラッシュで追い払い、センサーが感知した内容を、農家や猟友会に地図付きメールで配信するという「センサーネットワーク」を構築した。被害は2年間でゼロになり、稲作の収入は3年間で約7倍に増加し、現在も被害が出ていない。鳥獣による農作物被害は全国で年間約200億円に上っており、更なる横展開が求められる。

岡山県真庭市では、「林業」にICTを活用した。林業では、樹木の分布や生育状況を「森林台帳」に登録して管理している。この「森林台帳」の更新作業は、1区画あたり2人がかりで8時間かかる作業だった。ドローンで上空から得られた写真データや地図情報をクラウドシステムに統合し、市役所や森林組合が共有する仕組みを構築した。その結果、「森林台帳」の更新作業が1分間程度のパソコン操作で処理できるようになり、「働き方改革」と「生産性の向上」に繋がった。また、森林資源量を正確に把握できるようになり、「バイオマス発電に使う間伐材の安定供給」も可能になった。

宮城県東松島市では、「漁業」にICTを活用した。従来、漁師の経験や勘に頼っていた漁業に、IoTやビッグデータを活用したのだ。センサー付きのスマートブイで得た潮流データや水中画像データなどの海洋データと、気象データや漁獲データを、通信ネットワークを通じて収集・分析した。魚種・漁獲量予測、漁場、網の投入方法などの出力データを、「翌日の出漁計画」や「飲食店との取引」に活用した。「海の中からの産地直送販売」を実現し、「漁師の収入安定化」に繋がった。

総務省の実証事業は、ベンチャー企業も対象とし、「介護」分野で複数の成果を上げた。うち1例のaba社は、「ベッドにシート型のセンサーを敷いて、臭いを検知して知らせるシステム」を開発した。介護従事者は、日々、複数回のおむつ交換を行うが、定期的な見回りだけでは、おむつ交換までの間に数時間程度の時間が空く。このシステムは、非装着型のセンサーで、おむつを開けずに、自動的に臭いを検知でき、その周期を自動的に学習してパターン表を作成する機能があった。「介護従事者の負担軽減」だけではなく「介護サービス利用者の快適性」も実現できた。

神奈川県鎌倉市では、「観光振興」にＩＣＴを活用した。ＬＯＯＰ Ｊａｐａｎ株式会社を中心に、「電動バイク・アシスト自転車のシェアリングサービスによる観光振興と地域活性化」の実証事業を実施した。電動バイクやアシスト自転車に搭載した「マルチ言語対応（英語・中国語・韓国語・日本語）のディスプレイ端末」や、ＧＰＳと連携した「最先端ＩｏＴプラットフォーム」を使用した。ナビゲーション、車両の位置やバッテリー残量確認など、遠隔での車両管理も可能になった。また、「マルチ決済システム」を介して得られた観光ビッグデータを匿名化個人情報として活用し、地域内の外国人観光客の動向や動線を解析して、地方自治体に還元するものにもなった。従来は明確なデータ収集が困難だった外国人観光客の行動分析を可能にして、「魅力的な観光ルートの設定」「小売・サービス業の戦略構築」「効果的な情報発信」など、観光振興に繋がることが期待できる取組となった。

内閣府地方創生推進事務局の「未来技術社会実証事業」や「地方創生推進交付金Ｓｏｃｉｅｔｙ５・０タイプ」を活用して、ＤＸによる地域課題の解決に取り組んでいる地方自治体もある。

北海道岩見沢市更別町では、第１次産業従事者が減少・高齢化していて、生産維持と労働力不足の解消が課題だった。そこで、「ロボット農機（無人トラクター）の遠隔監視による無人走行システム」や「農薬や肥料の散布ソフトとドローン技術」の社会実装を通じて、生産性や付加価値の向上、周辺産業への波及を推進している。

愛知県春日井市では、高蔵寺ニュータウンの高齢化率が35％となり、坂道や起伏が多いので、高齢者の外出機会減少を懸念していた。そこで、「地域住民との協働によるラストマイル型ゆっくり自動運転」「交通事業者と連携したＡＩオンデマンド乗合サービス」などの社会実装に取り組んでいる。

埼玉県秩父市では、送電線上空を飛行ルートとするドローン飛行実証を発展させ、過去に土砂崩れで孤立した大滝地区にドローンの常設コースを設置し、高齢者向けに日用品や医薬品のドローン配送実証を行う。

地方自治体には、２０２１年に成立した『デジタル社会形成基本法』が掲げる「誰１人取り残さない」というビジョンにも、十分配慮していただきたい。

「情報通信機器に不慣れな方々を取り残さない」為には、一定期間は書類とデジタル両方の手続を可能としたり、役場だけではなく郵便局やJAなど身近な場所にサポートできる人材を配置したりすることが効果的だと思う。

また、GIGAスクール構想においても、子供達を取り残さない配慮をお願いしたい。2021年2月2日の『読売新聞』の『気流』という欄に、政府が学習用端末を1人1台配備することについて、「端末に安定してアクセスできる通信環境を整えるために家庭の出費が増えることも問題です」「経済的な理由で通信環境を確保できない家庭との格差が広がってしまいます」と、心配しておられる方の投書が掲載されていた。1月22日に開催された「自民党母子寡婦福祉対策議員連盟」の会議でも、母子家庭の方々の心配事として、同様の御意見を伺った。

文部科学省には、「家庭学習のための通信機器整備支援事業」に係る「公立学校情報機器整備費補助金」という施策がある。ご家庭の通信環境を整える支援を行う施策だが、2020年末時点では、本施策の同年度予算が余っている状態だった。

全国の地方自治体には、文部科学省の施策を積極的に活用していただき、経済的な理由から家庭学習が十分にできない児童・生徒が居ないように、十分な目配りと対応をお願い申し上げる。

以上、必要な配慮を行いながら、地方自治体には、果敢にDXにチャレンジしていただきたいと思う

地産地消型エネルギー需給体制の構築

「地産地消型エネルギー需給体制の構築」については、自然災害やサイバー攻撃による大規模停電を防止する必要があることから、重要な「危機管理投資」である。

また、地域経済の好循環を生む「成長投資」にもなる。前記した通り、輸入化石燃料を使用する場合、家計や企業が支払うエネルギー料金約4兆円は海外に流出してしまうが、地域資源を活用したエネルギーに切り替えることで、エネルギー料金が地域を循環し、雇用や税収を生み出す。これは、「為替変動などの外部リスクに強い地域経済」にも繋がる。

木質バイオマスなら、森林を守ることに貢献し、防災や豊かな海を作ることにも繋がる。

最初に総務大臣に就任した2カ月後の２０１４年11月に、『地域分散型エネルギーインフラプロジェクト』を立ち上げた。分散型エネルギーインフラの全国展開に向けて、事業化推進のモデルや手法を構築するものだ。

２０１５年8月には、私が関係閣僚を訪問した上で、資源エネルギー庁、林野庁、環境省、総務省の「４省庁タスクフォース」を立ち上げた。当時は、４省庁合わせると、関連する補助金等の制度が30以上もあった。事業化の目途が立った地域に対しては、４省庁で協力して同年度に集中的な支援をすることによって、事業化のスピードを上げることができると考えた。

タスクフォースの設置によって、横串・ワンストップで、地域の取組を支援できるようになった。更に、同年11月からは金融庁も参加し、「5省庁タスクフォース」となり、事業推進に必要な地域金融機関との連携も円滑に進む環境ができ上った。

同年度にマスタープランを策定した熊本県南関町は、未利用資源だった竹を、パーティクルボード、ＣＬＴ、表皮抽出物製剤などの加工素材原料として、先端部、幹材から表皮に至るまで活用した上で、残りの枝葉をチップ化し、バイオマス燃料として活用するという取組を発表した。手入れされない竹林が放置されて災害が発生するケースが全国的に散見されており、横展開に期待が持てる取組だった。

「地産地消型エネルギー需給体制」を如何に構築するかという手法は、風力発電、太陽光発電、水力発電などの適地か否かということや主力産業の類型も含め、各地の自然環境や事情によって様々である。工業団地やデータセンター誘致を計画している地方自治体であれば、第2章で記したSMR（小型モジュール原子炉）の活用も必要になってくると思う。

国としては、地方自治体が地域の特性に応じて作成したプランを早期に実現できるよう、各省庁が集中的な支援を行える体制を維持・強化しなければならない。

そこで、繰り返しになるが、やはり「令和の省庁再編」を実現し、「5省庁」ではなく、「環境エネルギー省」で一元的に取り組むことがベストだと思っている。

地方交付税の改善

ところで、「国と地方の関係」という大きなテーマになるのだが、私は、住民の皆様の生命に関わる対策に必要な経費については、使途が自由な「地方交付税」で措置をするのではなく、「補助金」「助成金」など使途を指定する方式に転換する必要を感じている。「地方交付税」は、財源の使途が特定されない一般財源である。原資には国税も含まれ、所得税の33・1%、法人税の33・1%、酒税の50%、消費税の19・5%は地方交付税に充てられる。

「地方交付税」は、地方公共団体が、格差無く、必要な行政サービスを提供し、施設等を維持できるようにする為のものなので、総務省の自治財政局では、地方公共団体から聞き取りを行いながら基準財政需要額（単位費用×測定単位×補正係数）を算定している。

実は、水害防止対策として前記した2級河川、準用河川、普通河川の浚渫《しゅんせつ》など維持管理に必要な事業費も、以前から算定して普通交付税措置を講じていたのだ。しかし、そのお金を別の事業に使ってしまっていた地方公共団体では、河川の維持管理が進んでいなかった。

また、消防団員の「年額報酬」「出動手当」に係る経費も普通交付税に算入しているが、実際に消防団員に渡される報酬や手当の金額は市町村の『条例』で定めるので、総務省による交付税算入額よりは少額になっている場合が殆どだ。「年額報酬」の交付税算入額は3万6500円だが、同額以上を消防団員に支給している市町村は28・3%しかない。

「出動手当」の交付税算入額は1回あたり７０００円だが、同額以上の市町村は26市町村のみだ。２０２２年（令和4年度）からは、「出動手当」を８０００円に引上げ、団員に直接支給する形に改革する予定だが、市町村には消防団員のご苦労に報いる『条例』の改正と予算措置を、切にお願いしたい。

「地方分権」の声が高まる中ではあるが、「命を守る為に算定した普通交付税」が全く別の使途になっている現状を改善する為に「補助金」「助成金」に変更することの是非は、議論しなければならない課題だと考える。

第6章

「生活者の視点」を大切に

――松下幸之助氏の注文

「主権者の代表」として

私が師事した松下幸之助氏が、1967年（昭和四十二年）に、当時の佐藤栄作総理に対して、次の様な注文をつけたエピソードが『松下幸之助発言集第三巻』に記されている。

「（国家公務員が）国家国民に忠誠を誓って、奉仕されるのが公僕《こうぼく》である。あなたは主権者の代表ですよ。公僕の方々に働いてもらう立場にあるんですよ。その人がみずから公僕と言うようなことでは、国家経営の偉大な理念が生まれんでしょう」

初当選以来、私自身も、常に「主権者の代表」としての気概と矜持《きょうじ》を持って働いてきた。特に「生活者の視点」で政策を構築する作業を大切にしてきた。

選挙区のみならず全国各地で出会った方々から伺った切実なお声や、自らが年を重ねる中で経験した両親の看病や介護などで気付いたことも活かして、改善できると感じたことは、議員立法や政府の施策としてコツコツと仕上げてきた。

未だ課題が残っている案件や道半ばの取組もあるが、成果が上がったものもある。数例を紹介する。

医療機関の電波環境の改善

最初に総務大臣に就任した翌年の2015年4月の夜、私は、東京で所管行政に対するご意見を伺う会合に出席していた。会合が終わりかけた頃、奈良に住む母が心停止状態で病院に運ばれたという連絡が入った。

私は、その2年前に父を亡くしていた。母から「お父さんが危篤《きとく》なの。早苗に会いたがっているから、すぐに帰って来て」という電話を受けたが、当時は政調会長だったので自由に東京を離れることもできず、父が亡くなった後に実家に戻って後悔をした経験があった。そんなわけで、その夜は、すぐに副大臣に危機管理の在京当番をお願いし、羽田発最終便の飛行機に乗って奈良に向かった。

幸い、救急搬送された病院の先生方による懸命の蘇生処置により、私が駆け付けた時には母の心臓は動いていた。その後、その病院には専門医が居られないということで、心臓専門医が居られる他の総合病院への転院の手続きをして下さった。

転院先の病院では、専門医の診察によって重い心臓疾患だと判明し、しばらく入院をさせていただくことになった。その病院で、看護師の方から伺った話が、新たな施策構築のヒントになった。

急な転院だったので、母が入ることができた病室はナースステーションから遠く、心拍数や呼吸数の情報を送る「医用テレメータ」の電波がナースステーションまで届かないということだった。その話を伺って驚き、夜が明けるまで病室の床に座って、心拍数が表示されている画面を睨み続けた。

総務省の仕事を休むわけにはいかないので、翌日早朝には上京したが、道中に色々と考えてみた。母がお世話になった病院は、先進医療にも取り組んでいる総合病院だから、「全国各地の他の病院でも、同様の電波環境に直面している可能性が高いのではないだろうか」と感じた。総務省は、電波行政も所管している。多くの方々の生命に関わることだから、「早急に対応するべきだ」と考えた。

上京後、総合通信基盤局長と電波部長に大臣室に来てもらって、私が経験した話をしたところ、彼らも「そんなことが起きているのですか」と驚いていた。

早速、総務省総合通信基盤局電波部電波環境課の職員達が準備を進めてくれて、20

１５年９月から、医療関係団体、医療機器関係団体、医療機器ベンダー、通信事業者、建築事業者など様々な分野の専門家チームを組織し、総務省と厚生労働省の職員も加わって、検討を始めた。

全国３０００の医療機関を対象に調査をした結果、全国各地の病院で、「医用テレメータ」だけではなく「無線ＬＡＮ」など、電波に関する多数のトラブルが発生していることが分かった。

「医用テレメータ」については、「一部の病室で電波が届かない」「不適切なチャンネル設定による電波利用機器同士の干渉」「電池切れ」「ＬＥＤ照明・無線ＬＡＮ・無線式ナースコールなど他の機器による干渉」などのトラブルが報告された。

更に、「別フロアの患者さんや他の診療科の患者さんのデータが誤って送信されていたケース」「数百メートル離れた近隣病院の医用テレメータと混信が発生していたケース」など、私が考えていた以上に深刻な状態だった。

専門家チームのご尽力により、２０１６年４月には、この課題の解決策を『電波の安全な利用のための手引き』として取り纏めることができた。「トラブルと対応策の事例（取組フロー図など）」や、「電波を管理する体制構築の在り方」などを整理した冊子だ。

この『手引き』を基に、総務省は、同年度に全国20箇所でシンポジウムや説明会を開催した。厚生労働省のご協力により、『手引き』を医療関係団体にも配布していただいた。「総務省シンポジウムへの参加を契機に、電波環境の改善に着手しました」という病院関係者のお声も多く伺い、嬉しく思った。

しかし、全ての病院で適正な電波環境を確保する為には、継続的な周知啓発と資金面での支援が必要だ。病院には、「電波・電波管理に関する専門知識を持つ関係者が少ない」「対策に要するコストへの懸念がある」といった課題が現存する。

医療機関だけではなく、医療機器製造販売事業者や通信事業者や設計・建築事業者が連携して取り組むことも必要だ。医療機関が医用テレメータのチャンネル設定・管理を適切に行い、無線LANのアクセスポイントを適切に設置することが求められるが、医療機器製造販売事業者や無線LAN事業者からの十分な情報提供が欠かせない。医療機関の建築時や改築時に、設計段階から構造上の留意をすることも重要だ。

2017年には、地域のネットワークを活用して「手引きの周知啓発」や「専門人材の育成」に取り組む為に、全国11箇所に「地域協議会」を設立した。地域協議会で活動していただいている日本病院会、病院協会、臨床工学技士会、電気通信事業者、医用機器メーカーなどの皆様、総務省と厚生労働省職員の皆様に感謝申し上げている。

私自身も、総務大臣退任後も、医療関係者が集まっておられる場では、電波環境改善に向けた取組をお願いするスピーチを続けてきた。

ところが、2021年に『月刊新医療』4月号に掲載された村木能也先生の「飛ばない医用テレメータが生まれる真相」を読んでみると、「特殊な遮蔽壁《しゃへいへき》を必要とするようなMRI、CT、X線装置の場合、建屋設計前にこれらの機器を決定し、設計に反映させ、建設が行われている。医用テレメータの場合は、実使用者である看護師や臨床工学技士が機種選定し、医師が決定していることが多いが、これらは、病院建物が竣工した後に決定されることが多い。このため、医用テレメータのアンテナの配線や配置については建築設計には反映されず（後略）」ということだった。

2016年に配布した『医療機関において安心・安全に電波を利用するための手引き』には、「医療機関側が、建築設計前に医用テレメータを決定し」「医療機器メーカー側は、医用テレメータのアンテナの配線や配置情報を提供し」「建築側は、アンテナの配線や配置情報に配慮して建築設計を行う」旨が明示されていたはずだ。

村木能也先生は、総務省の「医療機関における電波利用推進部会」発足時から委員として活躍して下さった方だから、相当な危機感をもって寄稿して下さったのだろうと思う。

『月刊新医療』を読んで、未だに「啓発活動」が不十分であることを知り、少なからずショックを受け、早速、田村憲久厚生労働大臣には、村木能也先生の寄稿文をお届けして、対応の徹底をお願いした。

今後、医療関係者や建築設計関係者の育成機関（大学や専門学校）において電波環境に関する講義をしていただくことも必要だろう。全ての医療機関の電波環境が安全なものになるまで、私にできる限りの対応を続けていくつもりだ。

「ゴミ出し支援」の特別交付税措置を創設

退院した母は、介護が必要な状態になっていた。

他界するまでの数年間、「お父さんの仏壇を守らなければならないから、施設には入らない」「お墓参りができなくなるので、東京で早苗と同居するのも嫌だ」という母の強い意思に従い、在宅介護サービスと家事支援サービスを利用させていただきながら、私と弟が週末や夜間に、東京と奈良を往復する生活が始まった。

母の在宅介護に際して最も困ったのがゴミ出しだった。細かく分別したゴミを、別々の曜日に指定の場所に出す作業は、家事支援サービスの対象外だった。

週末に奈良の実家に戻って分別したゴミを、ご近所の皆様にお願いして各戸で1袋ずつ預かってもらい、収集日に出していただいた。ご近所の皆様に助けていただいたお蔭で母の他界までの期間を乗り切ることができたが、実家と私の住居が離れている中で、仕事と介護の両立が最も困難に思えた件だった。

ところが、母の他界後、実家が在る市の両隣の2市では、ゴミ回収事業の民間委託によって、ご高齢の方や障碍をお持ちの方のご家庭については、戸別回収サービスが実施されていることを知った。

環境省に問い合わせてみると、2019年3月時点で、ゴミの「戸別回収」を実施していた地方自治体は全国で23・5％しかなく、他の地方自治体では、財政的制約から戸別回収サービスの実施は困難だということだった。

そこで、総務大臣再任後の2020年3月に、「ゴミ出し支援」に係る特別交付税措置を新設した。

自治体・NPO・社会福祉協議会などによるゴミ出し支援に活用できる特別交付税だが、全国各地の多くの市町村長の皆様から歓迎のお声を頂いた。

『公職選挙法』の改正を

他界した母は天上で呆れているかもしれないが、自らの経験を活かして、ご家族の看病や介護をしておられる方々が少しでも助かるかもしれないと思ったことについては、次々に対応することにした。

在宅介護を受けていた頃の母は、普段は車椅子で、杖を使えば数メートルは歩けるという状態だった。心臓に負担をかけることができず、医師から外出は禁止されていた。

ところが、2016年7月の参議院議員選挙の投票日に、「私は、投票に行きたい」と言い出したのだ。私が子供の頃から両親は欠かさず投票に行っていたのだが、「どう考えても、今の状態の母が投票所に出向くことは無理だ。また心停止になったり、怪我をしたりするのではないか」と思った。

しかし、当時の私が大臣を務めていた総務省の自治行政局選挙部は、選挙管理執行も担っている。投票率アップを呼びかけるべき立場だった私が、母に「投票所に行くのは諦めて」と言うわけにもいかず、困り果てた。

全候補者の政策が記された『選挙公報』を真面目に読み込んだ上で投票を望んでいる母を止めることはできず、投票所までは知人に車で送っていただくことにした。

ところが、「投票の秘密」を守る必要から、知人は投票所の入口まで母を送ることはできても、記載台まで同行することはできない。投票日の夕方に実家に立ち寄ったら、案の定、投票所内で転倒して怪我をした母が、足に包帯を巻いていた。

痛がる母の姿を見ているうちに、「歩行が困難な在宅介護利用者の投票機会の確保」について、新たな政策を考案した。

具体的には、『公職選挙法』の改正だ。現行の『公職選挙法』では、「一定規模以上の施設で、都道府県選管が指定する病院・老人ホーム・身体障害者支援施設等」では、その施設内で「不在者投票」を行うことが可能だ。対象を「一定規模以上の施設」としているのは、「公正な選挙」を担保する為に、不在者投票管理者・投票立会人の立会いの下で投票しなくてはならないからである。全国で2万箇所以上が指定施設になっている。

他方、在宅介護を受けておられる方々については、「身体に重度の障害があるもの」と認められた方に限って「郵便等投票」が可能とされているだけだ。２００３年の『公職選挙法』の改正で、「要介護５」の方々に限っては、「身体に重度の障害があるもの」として郵便等投票の対象者に加わった。

しかし、私は、現行法では郵便等投票の対象者に該当しない「要介護４」や「要介護３」でも、「投票に行きたくても、実際には投票所に行くことが難しい方々」が多数いらっしゃると思った。ちなみに、無理をして投票に出向いて怪我をして帰ってきた母は、当時は「要介護３」だった。

介護保険の要介護認定の基準は、平成11年の『厚生省令』により、「介護の為に必要な時間数」に応じて区分が設けられている。省令では「要介護５」は「要介護認定等基準時間が１１０分以上である状態」であり、「投票所に出向くことが物理的に可能かどうか」という観点とは別のものである。

「介護の為に必要な時間数」だけでは分かりにくいので、要介護状態区分と身体の状態例を挙げた『要介護度の認定基準』という資料も読んでみた。

「要介護５」は、「身体の状態例＝最重度の介護を要する状態。生活全般について全面的な介助が必要」と書かれていた。「要介護４」は、「身体の状態例＝重度の介護を要する状態。排泄、入浴、衣服の着脱など多くの行為で全面的介助が必要」と書かれていた。「要介護3」は、「身体の状態例＝中度の介護を要する状態。起き上がり、寝返りが自力ではできない。排泄、入浴、衣服の着脱などで全体の介助が必要」と書かれていた。

やはり、「要介護5」以外でも、歩行困難な方は多数居られると思えた。

厚生労働省の予測では、2025年には65歳以上の方が人口の3割を超えるとされている。そして、厚生労働省は、在宅介護を推進する方針を示している。

『日本国憲法』第15条は、「公務員の選挙については、成年者による普通選挙を保障する」と規定している。

高齢化社会の中で、「在宅介護利用者に選挙権を如何に行使していただくか」ということも、極めて重要な課題だと気付いた。

早速、総務省に設置していた「投票環境の向上方策等に関する研究会」に、福祉に関する実務経験者や専門家の方々にも新たに参画をお願いし、2016年12月から約半年間、熱心に議論をしていただいた。

そして、2017年6月13日に、研究会の報告が取り纏められた。この報告では、「要介護4の方はもとより、要介護3の方についても、寝たきり等に該当する方が相当の割合で居られること」「選挙人等にとって分かりやすい制度とすべきこと」から、「要介護3全体を、郵便等投票の対象とすることが適切」と提言されていた。

『公職選挙法』の条文には、郵便等投票の対象について「選挙人で身体に重度の障害があるもの」と明記されているが、寝たきりである「要介護4」の方の症状を「重度の障害」と公的に証明することは困難だということで、『公職選挙法』の中に「重度の障害」以外の要件を追加する必要があった。

『公職選挙法』については、2003年改正が議員立法によって行われた経緯を考慮すると、更なる法改正も議員立法で行うことが求められ、総務省で法律案を書いて政府提出法案にすることは困難だと判断した。

そんなわけで、2017年8月の大臣退任を好機と考え、同年10月の衆議院選挙終了直後から、要介護3と要介護4で歩行が困難な方々を郵便等投票の対象に加える『公職選挙法改正案』の起草作業を開始した。

書き上がった議員立法案については、翌2018年から、自民党選挙制度調査会で党内審査を開始していただき、その後、政審、総務会の審査を経て、2019年の通常国会期間中には自民党として党議決定をしていただいた。同時期に、公明党も党議決定をして下さった。

やっと衆議院に法律案を提出できると喜んでいたら、国会対策上の理由で自民党幹部からストップがかかった。私が書いた『公職選挙法改正案』の内容が、『憲法改正国民投票法改正案』の審議に悪影響を及ぼす可能性があるという理由だった。『憲法改正国民投票法改正案』が可決・成立するまで法案の提出を待つように言われた。

その後、私は再び総務大臣を1年余り務めた。委員会審議の中で、親御さんのことで私と全く同じ経験をした野党議員からの質疑も受け、必ず『公職選挙法』を改正したいとの思いを新たにした。

2020年9月に総務大臣を退任した後、再び『公職選挙法改正案』の提出準備を進めた。2021年の通常国会では、日本維新の会も共同提出者に加わってくれるということで党議決定をして下さった。

ようやく2021年6月に『憲法改正国民投票法改正案』が参議院でも可決し、成立したが、通常国会の会期末ギリギリだった。それに加えて、東京都議会議員選挙を前に新型コロナウイルス感染症患者の方々に郵便等投票を認める為の特例法が優先審議され、2年も待たされた挙句に『公職選挙法改正案』の国会提出は会期末に間に合わなかった。

2021年の通常国会で成立していれば、周知期間を足しても施行は2022年の参議院選挙に間に合ったはずなので、無念でならない。再チャレンジを目指している課題だ。

「高齢者等の雪下ろし支援」の特別交付税措置を創設

最初に総務大臣に就任した2014年の冬、豪雪地帯では、ご高齢の方々の雪下ろし中の痛ましい事故が相次いだ。

私は、奈良県で育ったので豪雪に苦しんだ経験は無かったが、結婚した翌年の正月早々から福井県に在る夫の実家の除雪に苦労する羽目になった。業者に依頼すると数万円もかかるというので、家族で頑張るしかないのだが、高齢者だけの世帯では特に危険が伴うことも、自分で作業をしてみて十分に理解ができた。

大臣室に豪雪地帯の市町村長や地方議員が来られる度に、お話を伺ってみた。地域ぐるみで高齢者世帯の雪下ろしに取り組む自治会組織もあるということだったが、命綱やヘルメットの使用、複数人での作業など、安全対策の周知も不可欠だということが分かった。

そこで、2015年（平成27年度）から、「特別交付税措置」を拡充することにした。具体的には、新たに「高齢者等の雪下ろし支援」の項目を設け、「雪下ろしが困難な世帯に対する支援」や「雪下ろし時の安全対策の普及啓発」などの経費について、その8割を措置することにした。

当時、豪雪地帯の市町村長からは感謝の御言葉も頂いたが、2021年現在も、雪下ろし中の事故の報道に接すると胸が痛む。

「防災行政無線の戸別受信機」の普及

選挙区の奈良県を歩いていて気付いたことも、施策に反映してきた。

ご高齢の方の独り暮らしが多い住宅街で、「防災行政無線の屋外スピーカー」が設置されていない所が多いと感じていた。

また、「屋外スピーカー」が設置されている地域であっても、防音性の高い集合住宅が増えているので、「台風や豪雨時に、室内では防災行政無線のスピーカー音声が聞こえない」とのお声を多く伺った。

他県の被災地訪問時にも、住民の方々に避難情報が届いていなかったことが分かった。

特にご高齢の方や障碍をお持ちの方など災害時に早期避難が必要となる御家庭に対して、「防災行政無線の戸別受信機」や「コミュニティ放送を活用した自動起動ラジオ」などを優先的に配備することが必要だと考え、2014年に総務大臣に就任して間もなく、施策の検討に着手した。

2015年（平成27年度）から、戸別受信機の導入費用の70％を特別交付税で措置することにより、市町村を支援した。その後、『防災行政無線の戸別受信機の導入促進事業』を考案し、実証事業にも着手した。

2016年12月の糸魚川市大規模火災は不幸な事件だったが、「火災が発生した旨を住民に伝達する上で、防災行政無線の戸別受信機が大きな役割を果たした」という報告を受けた。

2019年の総務大臣再任後に確認してみると、期待した程には普及が進んでいなかったので、施策内容を強化した。

2020年（令和2年度）は、国費で戸別受信機を調達し、戸別受信機の配備数が少ない市町村を中心に50市町村程度を選定し、1万台程度を無償貸付した。また、単独事業で本事業に取り組む市町村には特別交付税措置により、無償貸付と同程度の配備（5千台～1万台）を求め、合計1万5千台～2万台の配備見込みとした。

更に、戸別受信機が未配備の市町村を個別に訪問し、実機を用いたデモンストレーションを行い、少数の実証配備によるモニター利用で、有効性への認識を深めていただいた。加えて、導入促進の為の環境整備も加速させることにした。

1回目の総務大臣在任中だった2015年2月には、戸別受信機を比較的低廉に導入することができる防災行政無線の新たな無線通信方式を制度化し、現在、これが普及し始めている。しかし、送信側と受信側でメーカーが異なると接続できず、メーカー間の競争が限られるという課題が存在していた。

そこで、再任後の2019年11月に、総務省から一般社団法人 電波産業会に対して、戸別受信機の民間規格を2020年3月末までに一本化していただくよう、要請をした。民間規格の一本化により、複数メーカーの中から自由に調達先を選べることとなり、多様な選択肢や低廉な価格が実現する。

市町村長の皆様には、特に浸水被害や土砂災害が発生しやすい地域や配備対象となる御家庭を選んでいただき、効果的に施策を活用して、早期避難が必要な方々の生命を守る為に役立てていただきたいと願っている。

また、日本在住の外国人の方々の為には、災害情報の多言語化を進めるとともに、全国の消防本部に対して「救急用の多言語音声翻訳アプリ」の無償提供も行った。

多くの災害現場を訪問して改善したこと

2014年の広島市土砂災害、2015年の関東・東北豪雨、2016年の熊本地震や台風10号、2017年の九州北部豪雨など、大規模災害発生時には現地に赴き、被害状況の視察や知事・市町村長との意見交換から見えた課題には、即座に取り組んできた。

例えば、2016年8月の台風10号による災害直後に、岩手県岩泉町の被災現場に行って気付いたことがあった。1級河川や2級河川は「洪水予報河川」なのだが、岩泉町では、「洪水予報河川」に指定されていない「その他河川」の氾濫によって多くの人命が失われていた。

視察後すぐに、「近年の気候変動等を踏まえた地域防災体制の再点検」を指示し、20

16年12月に、再点検結果を公表した。市区町村に対しては、「その他河川」を含めた避難勧告等の発令体制の整備、災害時の体制確保、指定緊急避難場所の指定などを要請した。都道府県に対しては、平時からの市区町村の取組への支援を要請した。

その結果、全国各地で『地域防災計画』や『マニュアル』の見直しが行われた。

家族介護者の負担軽減対策

「生活者の視点」から、総務省の行政評価局に調査を指示した案件は数多くあった。

2016年12月から調査を開始したのは、厚生労働省の「介護施策」だった。

高齢者人口の増加に伴い、介護保険制度上の要支援・要介護の認定者数は、2015年3月末時点で約606万人。家族の介護・看護を理由として離職・転職した方が年間10万人を超える状況にあった。

このような中で、『一億総活躍社会の実現に向けて緊急に実施すべき対策』(2015年11月26日一億総活躍国民会議)では、「介護離職ゼロ」に向けた取組を掲げ、2020年代初頭までに、介護サービスが利用できずやむを得ず離職する方を無くすことが盛り込まれた。

また、２０１６年3月には、『育児休業、介護休業等育児又は家族介護を行う労働者の福祉に関する法律』が改正され、介護離職の防止に向け、「介護休業の分割取得」（3回まで、計93日）など、制度の拡充が図られた。

更に、『ニッポン一億総活躍プラン』（２０１６年6月2日閣議決定）では、介護する家族の不安や悩みに応える相談機能の強化・支援体制の充実、介護休業・介護休暇を取得しやすい職場環境の整備等が新たに決定された。

このように、「介護離職ゼロ」に向けた取組が進められる一方で、「利用が低調な介護施設がある」「介護休業制度等について知らない人がいる」などの指摘が耳に入った。

そこで、家族介護者の負担軽減の観点を中心として、仕事と介護の両立を図る為の「介護保険サービス」や「介護休業制度」の利用状況や利用促進に向けた取組状況を調査し、厚生労働行政の改善に資する為に「行政評価・監視」を実施することとした。

調査の結果、家族の介護を始める前に「介護保険サービス」を知らなかった方が53・0％、「介護休業」を知らなかった方が72・8％も居られることが分かった。

事業所にも、「介護休業制度」の改正内容が十分に伝わっておらず、『就業規則』に適切に反映されていない事業所が51・6％あった。

また、市町村において、制度周知の重要性が十分理解されていないことも分かった。調査対象市町村で、40歳に到達した国民健康保険加入者に対する介護保険制度の周知状況を見ると、未実施の市町村が67・5％もあった。

地域包括支援センターが、労働局から周知の働き掛けを受けた認識がない、又は認識していても家族介護者への周知の必要性を理解していないケースもあった。

介護サービス業の有効求人倍率は高水準で、全職種平均の2倍以上で毎年度増加しているが、介護人材の確保についても、調査結果は思わしくなかった。

調査対象とした都道府県では、介護人材不足により介護保険サービスの提供に支障が生じる事態が発生していた。必要な介護人材の確保を着実に進める為の取組も不十分だった。

また、家族介護者の再就職が容易でないことも浮き彫りになった。介護離職時に仕事の継続希望があり、就職活動を行った方のうち、再就職できていない方は56・3％だった。

専用相談窓口の設置など、再就職が容易でない家族介護者に重点を置いた就職支援を実施している労働局は皆無だった。

その後、2018年6月に、総務大臣から厚生労働大臣に対して改善するべき内容を記した『勧告』が行われた。厚生労働省は、各所に通知を出し、ハローワークシステムの統計機能を用いて実態分析を行い、2020年度から全国のマザーズハローワークに家族介護求職者支援を担う相談員を配置するなど、徐々に対応は改善されつつあるが、勧告した改善策の実行状況は未だ不十分である。

引き続き、政治家としてフォローしていきたい課題だ。

保育施設の安全対策

2017年4月から調査を開始したのは、「保育施設の安全対策」だった。

2012年から2016年までの5年間で国に報告のあった保育施設における骨折などの重大事故の件数は1435件で、うち死亡事故は81件も発生していたからだ。

また、2016年3月に発表された厚生労働省の調査研究事業の結果によると、3割の保育施設で、食物アレルギー児童への誤食・誤配が発生していた。

保育施設は、関連法令や指針に基づき、受け入れた児童数に応じ、一定数以上の保育従事者を配置しなければならない他、保育事故や災害に備えた点検、事故防止の為の研修や訓練を実施することが求められている。

また、国は、都道府県や市町村に対し、定期的な立入検査を実施して保育施設の運営状況を確認するよう要請するとともに、死亡事故や治療に長期を要する負傷などの重大事故が発生した場合は、保育施設に事故の詳細を報告することを義務付けている。

このような状況から、安全で安心して子供を預けることができる環境の整備を図る観点から、保育施設や行政機関における安全対策の取組状況を調査することとした。

調査対象とした149保育施設で、『事故防止等ガイドライン』に例示された「呼吸等点検」や「食材点検」などの重大事故防止対策の実施状況を調査した結果、約1割の施設では、重大事故防止対策の重要性の認識不足や、実施方法に関する情報不足を理由に、実施されていなかった。

また、重大事故発生防止対策を実施していなかった保育施設のうち、2015年度から2016年度までの間に地方公共団体による監査の受検実績があった施設が監査時に受けた指摘・助言の状況をみると、96・1%の保育施設では、重大事故発生防止対策が未実施だったことについて指摘・助言を受けていないことが分かった。『事故防止等ガイドライン』に例示された心肺蘇生法やAEDの使用など「救急救命講習」への保育従事者の参加状況を調査した結果、約2割から4割の施設では保育従事者を1人も参加させていなかった。

また、149保育施設が保有する『異物誤飲時の対処マニュアル』を調べた結果、一部の保育施設が保有するマニュアルには不適切な対処方法が記載されており、中には異物誤飲時における適切な対処方法を知らない施設があるなど、異物誤飲時にかえって症状を重篤化させる不適切な対処方法を実践・拡散しかねない状況となっていた。

また、一部の市町村では、国が定めた『事故防止等ガイドライン』などの各種通知や保育安全に関する講習案内を管内の施設に送付していなかった。「認可外保育施設には市町村から給付費が出ていない」「会場の収容スペースに限りがある」などという理由だった。

地方公共団体の実地監査実施状況を調査した結果、6割から7割程度の地方公共団体では、年1回以上の実地監査を全ての保育施設には実施できていない状況が分かった。その理由として、「実地監査の重要性についての認識が必ずしも十分でなかったこと」

「監査対象となる保育施設の数が多数に上ること」「保育施設に対する監査以外の業務も抱えていること」など、監査体制上の制約を挙げていた。

地方公共団体の中には、複数年、監査での指摘・助言事項が改善されない状況の下で乳幼児の死亡事故が発生しており、現在も指摘・助言事項が改善されていないのに、利用する乳幼児への影響を理由に改善勧告等の実施を躊躇し、改善勧告を講じていない事例が見られた。

63・9％の地方公共団体では、「指摘を受けた保育施設等に対して不当に不利益を与える恐れがある」「保育施設等に対する保護者の評価に過大な影響を与える恐れがある」など、保育施設等や保護者に与える影響への懸念を理由に、保育施設等別の監査結果を公表していなかった。

地方公共団体における検証委員会の開催状況を調査した結果、国から「全ての死亡事故について検証すべき」と通知によって要請が為された2016年3月以降にも、発生した死亡事故について、死因が不明であることなどを理由に、事故後1年以上が経過しても検証委員会が開催されていない事例や、検証委員会の立ち上げまでに4カ月以上を要している事例があった。

また、149保育施設における『自然災害発生時及び感染症流行時の臨時休園の実施基準』の設定状況を調査した結果、『自然災害発生時の臨時休園の実施基準』を設定していなかった保育施設が73・8%、『感染症流行時の臨時休園の実施基準』を設定していなかった保育施設が83・9%だった。設定していない理由を確認したところ、「乳幼児を預けたいとする保護者がいる限り、臨時休園を行うべきでない」「臨時休園を行う具体的な基準を決められない」「臨時休園を行いたい時はあったが、制度上できないと思っていた」ということだった。

『臨時休園の実施基準』を設定していなかった保育施設の中には、今後、臨時休園を検討せざるを得ない深刻な自然災害等が発生する可能性があることから、保護者に対する説明のしやすさなどの観点から、地方公共団体などの行政が主体となって統一的な臨時休園の実施基準を設定してほしいとの意見を挙げる施設もみられた。

これに対し、内閣府や厚生労働省では、保育施設における臨時休園の実施基準の設定に係る国の考え方を示しておらず、地方公共団体における臨時休園の実施基準の例を収集する取組も特に行っていなかった。

本調査については、2018年11月に、総務大臣から厚生労働大臣と内閣府特命担当大臣に対して、改善策を記した『勧告』が行われたが、2021年8月現在、改善状況は不十分だと言わざるを得ない状況である。

かけがえのない生命を守る為に、引き続き改善の取組を促していきたい。

今後も、多くの方々のお声を伺いながら、「主権者の代表」としての矜持《きょうじ》を持って、「生活者の視点」を大切に、必要な施策を構築していく。

第7章

分厚い中間層を再構築する税制

——安心と成長のための改革を

「ベビーシッター・家事支援サービスの利用」に税額控除を

育児や介護や看病をしながら働く方が多い中、「ベビーシッターや家事支援サービスの利用促進策」として、利用代金の一部を税額控除することを提案する。

実は、自民党政調会長在任中に、「ベビーシッター等減税」を内閣への提言書に盛り込んだことがあった。ところが、「ベビーシッターや家事支援サービスを利用できる人は高額所得者が多く、金持ち優遇批判を受ける」「そもそもベビーシッターや家事支援業には国家資格が無く、税制優遇の対象としにくい」などの指摘を受け、同年の厚生労働省の税制要望事項にはならなかった。

その代わり、内閣府が「企業主導型ベビーシッター利用者支援事業」を開始し、企業が「公益社団法人 全国保育サービス協会」に申し込めば1日2200円の割引券が受け取れる施策ができた。しかし、割引券等取扱事業者以外のベビーシッターには利用できず、そもそも本事業をご存知ではない事業者や従業者が多いのではないかと感じている。

現在は国家資格が無いが、ベビーシッターについては「公益社団法人 全国保育サービス協会」が独自資格を付与しているし、家事支援サービスについては「公益社団法人日本看護家政紹介事業協会」による家政士社内検定がある。

厚生労働省が所管する『職業能力開発促進法』に基づく『省令』の改正を行い、前記の2団体が有するノウハウを活用しながら「国家資格」にした上で、利用者が直接、税額控除を受けられる方法に変更した方が、使い勝手が良いと考える。

育児、介護、看病をしながら働く方々をサポートする環境作りも、大切な「成長投資」だと考えている。

「災害損失控除」の創設を

税理士の先生方からのご指摘で気付いた課題である。

個人が災害により被害を受けた場合、現行の「雑損控除制度」では、課税所得の計算上、災害による損失と盗難・横領による損失を同じ取扱いにしている。

しかし、災害による損失は、盗難・横領による損失よりも多額になることが多い。保険金で損額が全額カバーされるわけでもない。

その場合の救済策として、雑損控除から自然災害による損失を独立させて「災害損失控除」を創設するべきだというお話だった。

災害による担税力の喪失を最大限に勘案する観点から、先ず災害の有無に関わらず適用される他の所得控除を適用し、最後に「災害損失控除」を適用する順番とする。

激甚災害によって被害を受けた場合、生活基盤の再建には長期間を要する。よって、当年分の所得金額から災害損失と純損失を控除し切れない場合の繰越控除期間は、現在の3年よりも延長し、東日本大震災時に認められた5年にする。

自然災害が多発する昨今、多くの方々が望んでおられる税制改革案だと納得した。

「内部留保課税」よりも、「現預金課税」で

次に、嫌われる増税の話を書く。

昨今、「厳しい景況下でも企業の内部留保は増えている。従業員の賃金増や設備投資を行わず企業が貯めこんでいる。内部留保課税をするべきだ」というお声をよく伺う。

「内部留保」とは、企業が得た利益から株主への配当金や税金や役員賞与金など社外流

出分を引いた利益留保額で、「利益剰余金」と呼ばれる。

企業の危機対応や成長投資などに使われるが、リーマンショック以降、海外子会社への投資や海外企業に対するM&Aに活用され、固定資産を取得している場合もあり、必ずしも企業内貯蓄として現金が余っていることにはならない。

東京財団政策研究所研究主幹の森信《もりのぶ》茂樹氏によると、2015年に韓国で、設備投資や賃上げを行わずに内部留保を積み上げる企業への懲罰的な課税として「企業所得還流税制」と呼ばれる内部留保課税が3年間の時限措置として行われたものの、結局、設備投資も賃上げも実施されず、留保金課税を避ける為に配当の増加で利益処分を増やしたということだった。

「内部留保」は貸借対照表では「貸方」だが、私は、むしろ貸借対照表では「借方」の「現金・預金」に着目している。

『法人企業統計調査』の2021年1~3月期を見ると、前年同期に比べて「現金・預金」が約34兆円増え、総額235兆円を超えている。仮にこの「現金・預金」だけに1%課税しても、2兆円を超える税収になる。

ただし、資本金1億円未満の企業は課税対象外にするという方法も考えられる。

企業規模別の統計は、2019年度分が最新データになる。同年度の法人企業の「現金・預金」の総額は、221兆2943億9100万円だった。資本金1億円未満の企業の「現金・預金」総額122兆7305億400万円を除くと、98兆5638億8700万円となる。ここ数年間の増額傾向を考えると、現状、概ね100兆円と推測できる。仮に1%の課税で1兆円、2%の課税で2兆円ということになる。

ただし、「現金・預金」への課税であれ、「内部留保」への課税であれ、法人課税された後のものなので、「2重課税だ」という不満は出ると思う。

「従業員への分配」を進めることだけを目的にするのならば、各種特別措置を廃止して法人税率を一律25%にして、5%以上の昇給を実施した企業については5%の減税措置を講じる方法もある。また、昇給を計画している企業については、前記の「現金・預金」課税を免除するといった方法もある。

「炭素税」の在り方

これも、増税の話になる。

菅内閣が「2050年カーボンニュートラル」という大きな目標を表明したことから、「炭素税」の議論が活発になってきている。

現在の日本で「炭素税」と呼べるものは、CO_2排出量に比例して課税されている「地球温暖化対策税」だ。石油石炭税の上乗せ税率として、2012年に導入された。「地球温暖化対策税」では、全ての化石燃料に対してCO_2排出量1トンあたり289円が課税されている。英国では約2600円、フランスでは約5600円、スウェーデンでは約1万5000円という水準だそうだから、日本は極端に低い。

この「地球温暖化対策税」の税率を引き上げるというシンプルな方法も考えられるが、その税収はエネルギー特別会計に繰り入れられて、地球温暖化対策に充当される。

事業者の税負担が増え、消費者に転嫁される可能性が高い場合、その税収の使途は、所得税減税で家計負担を軽減したり、法人税減税で企業の負担を軽減したり、産業構造転換に使ったり、納得感のあるものにできる方が望ましい。

そうすると、使途が限定されてしまう「地球温暖化対策税」の引上げ以外の方法を考慮した方が良いようにも感じる。

現行の「石油石炭税」については、CO_2排出量1トンあたりの税負担が、品目ごとにバラバラで不公平感が大きい。原油・石油製品は779円、ガス状炭化水素は400円、石炭は301円だ。この格差を無くすような「炭素税」を設け、原油・石油製品は低額に、石炭は高額に設定する方法もあるだろう。

公平で、使途についても納得感があり、事業者の技術革新を促し、成長に繋がるような税制を構築しなければならない。

今後も専門家による様々なアイデアが出てくると思うので、よく注視しながらベストな税制を考えていきたい。

「給付付き税額控除」の導入を

私は、「格差の是正」を目指す場合にも、「勤労インセンティブを促す」税制にすることが必要だと考える。

低所得の方に対しては、勤労税額控除である「給付付き税額控除」を導入して支援したい。一定額を下回る所得層に対して還付金を給付するもので、税制を社会保障に活用するので、行政コストも安く済む。

「給付付き税額控除」が最初に議論されたのは麻生内閣時だったが、当時は正確な所得の把握が課題だった。2016年に導入されたマイナンバー制度により、正確な所得把握の条件は整っているし、銀行口座情報をマイナンバーに紐づけることによって迅速な給付が可能だ。

日本経済が成長軌道に乗れば、将来的には、所得税課税最低限の引き下げとセットで所得税率を一律10%程度にすることで、所得税収総額は減らさずに、各人が努力しただけ報われる税制とすることが私の理想だ。

「払う人」と「貰う人」の2分化が進み過ぎると、リスクをとって努力する人が日本に残らなくなってしまうからだ。

しかし、現状では、前記の方法で財源を確保して、「分厚い中間層」を再構築する為の格差是正策を断行する必要があると考える。

結　章

新しい日本国憲法の制定

技術革新に伴う国防力の強化を

第1章の冒頭に記した国の究極の使命のうち「国民の皆様の生命と財産を守り抜く」「領土・領空・領海・資源を守り抜く」「国家の主権を守り抜く」ことを果たす上で、欠かせないことは、国防力の強化だ。本書は主に経済政策をお伝えする意図で書いたが、日本が武力攻撃を受けて適切な対処ができない場合には、経済活動にも深刻な影響を及ぼすことから、国防についても触れさせていただく。

技術革新に伴い、今後の戦争の態様は大きく変化すると考えている。

自衛の手段としての「敵基地先制攻撃」についても同様だ。「先に相手国の基地を実質的に無力化した国」が勝利するだろう。

ゲームチェンジャーとなるのは、「衛星」「サイバー」「電磁波」「無人機」だと考える。

既に中国は、他国の衛星を破壊する能力を持ったと伝えられているが、衛星は、主要な軍事機能を担任している。PNT（衛星から発信される信号を利用して、衛星の位置や姿勢情報を得て、衛星の状態をコントロールする機能)、ＧＰＳ（全地球測位システム／衛星からの電波で地球上の現在位置を測る装置)、通信、ＩＳＲ（情報・監視・偵察)、気象（気象は軍事作戦に密接に関係）など、領域横断作戦に欠かせない。

「衛星への物理的攻撃」としては、破壊、軌道変更、捕獲が考えられる。

物理的攻撃については、同盟国である米国も強い技術を持っているし、日本の技術でも可能だが、自衛隊が試験衛星を運用し、『自衛隊法』に新たな任務を追加する必要がある。しかし、破壊された衛星の破片が凶器に変わるという宇宙環境の悪化を考えると、どの国であっても、決して実行してはならない作戦だ。

「衛星へのサイバー攻撃」としては、偽信号、通信妨害・傍受が考えられる。

日本の衛星技術は、「はやぶさ」や「こうのとり」に見るように最先端なのだが、「衛星防御」については、実に困難で心細い状況だ。同盟国の米国を始め友好国と協力しながら、衛星防御の為の技術開発、装備、作戦の共有、宇宙監視ネットワークの確立が必要だ。

衛星が攻撃を受けた場合には、自衛隊が国防に必要な作戦を展開できなくなるだけではなく、私達の暮らしや産業にも甚大な被害が発生する。前記した通り、航空機や自動車の運航にも深刻な影響が出る。

「敵基地先制攻撃」についても、サイバー攻撃や電磁波によって敵基地を「機能喪失」させる手法が考えられる。

2019年には、米国のＣｙｂｅｒ Ｃｏｍによるイランミサイル発射システム攻撃があったが、現在の日本には能力も根拠法も無い。この点は、第4章に記した。

相手国が日本に向けてミサイルを発射する前に敵基地を一時的な「機能喪失」に追込み無力化する為には、迅速に情報を収集・分析する能力と、即断即決で作戦を実行できる体制が必要だ。自衛隊が作戦を実行する為には、「根拠法の制定」と「平時からの仕込み」が必要だ。

相手国に日本の自衛隊基地やイージス艦を先に無力化された場合には、悲惨な結末が想定される。国論が分かれる課題だとは承知しているが、先送りできない取組だと考える。

「無人機による攻撃」については、既に各国の競争が激化している。

２０２０年１月のイラン革命防衛隊のソレイマニ司令官爆殺には、米空軍のＭＱ－９リーパーが使用された。２０２０年10月のナゴルノカラバフ戦争では、アゼルバイジャン軍がトルコ製のＢａｙｒａｋｔａｒＴＢ２を使用した。２０２１年６月のＩＤＦ（イスラエル国防軍）によるガザのハマス攻撃には、Ｓｗａｒｍ／ＡＩによる単一のＷｅａｐｏｎ Ｓｙｓｔｅｍが運用された。

無人機による攻撃は、「防御が困難」「安価で消耗可能」「人的被害が無い」というメリットがある。日本には、無人機の装備が無い。ＭＴＣＲ（ミサイル技術管理レジーム）との関係から輸入は困難を伴うと考えられるが、米空軍のＭＱ－９リーパーに係る訓練への参加を要請するなど、今後を見据えた備えが必要だと考える。

勿論、「対空防衛」の重要性も変わらない。

先ず、「ミサイル防衛」だが、残念ながら現状のＢＭＤ（弾道ミサイル防衛）については、「コストの問題」「中国が力を入れている極超音速兵器の登場」「ミサイルと無人機の飽和攻撃」といったことを考えると、一定の限界を感じる。

今後は、前記した「敵基地の機能喪失」に加え、発射直後の無力化については精密誘導ミサイル、ISRの強化、第2章に記したAIやEMP（強力なパルス状の電磁波）、レーザーを活用した対空防衛を構築していくべきだと考える。

「電磁波を使った航空防衛」については、米空軍のTHORは、敵機を無力化する上、C130に搭載可能だ。陸上自衛隊では、2018年にEMP弾構成システムの研究を始め、2021年に試験予定と聞いているが、この対象は陸上部隊ではないかと思う。


いずれにしても、中国や北朝鮮の活動による国防上のリスクは高まる一方であり、技術革新に後れを取らない装備と訓練が必要だ。

『日本国憲法』第9条による制約はあるものの、国民の生命や暮らしを守る為に自衛に必要な国防力を強化することは国の責務だ。『自衛隊法』に必要な任務を追記するとともに、十分な予算と人員を手当てし、日本独自の研究開発も進めていく必要がある。

日本国の権威と名誉を守り抜く決意

ところで、1955年（昭和30年）11月15日に、自由民主党は結成された。この時の『立党宣言』の冒頭部分が、私は大好きだ。

「政治は国民のもの、即ちその使命と任務は、内に民生を安定せしめ、公共の福祉を増進し、外に自主独立の権威を回復し、平和の諸条件を調整確立するにある」

日本が主権を取り戻したのは、1952年だ。その僅か3年後の『立党宣言』に「外に自主独立の権威を回復し」という文言が入っている。当時の先輩方が、主権国家の国民の代表としての矜持と誇りを持って、日本国の権威と名誉を守り抜く決意を示されたものだと拝察する。

同日に発表された『党の使命』には、「国内の現状を見るに、祖国愛と自主独立の精神は失われ、政治は昏迷を続け、経済は自立になお遠く、民生は不安の域を脱せず、独立体制は未だ十分整わず、加えて独裁を目ざす階級闘争は益々熾烈《しれつ》となりつつある。思うに、ここに至った一半の原因は、敗戦の初期の占領政策の過誤にある。占領下強調された民主主義、自由主義は新しい日本の指導理念として尊重し擁護すべきであるが、初期の占領政策の方向が、主としてわが国の弱体化に置かれていたため、憲法を始め教育制度その他の諸制度の改革に当り、不当に国家観念と愛国心を抑圧し、また国権を過度に分裂弱化させたものが少なくない」「現行憲法の自主的改正を始めとする独立体制の整備を強力に実行し、もって、国民の負託に応《こた》えんとするものである」と記されている。

『党の政綱』は、「平和主義、民主主義及び基本的人権尊重の原則を堅持しつつ、現行憲法の自主的改正をはかり、また占領諸法制を再検討し、国情に即してこれが改廃を行う。世界の平和と国家の独立及び国民の自由を保護するため、集団安全保障体制の下、国力と国情に相応した自衛軍備を整え、駐留外国軍隊の撤退に備える」と締めくくられていた。

現行の『日本国憲法』は、占領下において、連合国司令部が指示した草案をもとに制定されたものだ。国家主権が制限された中で制定された憲法は、形式的には国会における手続きを経たものの、「公職追放」が行われていた時世の中で、国会議員や国民の自由な意思が反映されなかったものだ。本来、主権を回復した1952年に、国会は憲法改正に着手するべきだった。

しかし、1955年の自民党結党以来、多くの先輩議員が、日本を主権国家にふさわしい国にする為に、憲法改正を目指して営々と議論を積み重ねてこられた。

自民党は、結党翌年の1956年に『憲法改正中間報告』を、1972年に『憲法改正大綱草案』を、1982年に『日本国憲法総括中間報告』を発表している。

そして、私自身が参画したものでは、2005年に全条文を提示した改正案として『新憲法草案』を発表した。その後、2007年の『憲法改正国民投票法』制定及び衆参両院への「憲法審査会」設置にも、自民党が主導的な役割を果たしてきた。

2012年には、『日本国憲法改正草案』を発表した。2005年の旧草案を全面的に再検討し、内容を補強したもので、自民党憲法改正推進本部では50回を超える討議を積み重ねて作成した。この年は、サンフランシスコ講和条約発効により日本が主権を取り戻してから60年に当たる節目の年でもあった。

「日本の心を持った、日本人の手による、新しい日本国憲法」を

私は、数多くの議員立法作業を行ってきた。立法作業の過程では、幾度も現行の『日本国憲法』の制約による壁に阻まれた経験がある。

『日本国憲法』第12条は、「この憲法が国民に保障する自由及び権利」について、「国民は、

これを濫用してはならないのであつて、常に公共の福祉のためにこれを利用する責任を負ふ」としている。

「自由」や「権利」にも、「公共の福祉」による一定の制約が可能だと思うのだが、立法作業や提出に向けた手続きに際しては、圧倒的に「自由」と「権利」が優先されてしまう。

2005年には、前年にイラクで邦人が人質になる事件が2回発生し、最初の人質は釈放されたものの、次の事件の人質は無残にも殺害されてしまったことを受けて、法律案を書き始めた。生命の危険が大きいと予想される地域に関しては「退避勧告」や「渡航延期勧告」ではなく、政府が強制力をもって「渡航禁止命令」や「退避命令」を出せるようにする内容だった。

ところが、憲法第22条が「居住、移転」「外国に居住」する自由を認めていること、「法の下の平等」を規定した憲法第14条によってマスコミや政府関係者（テロリストとの交渉者を含む）への例外措置が困難なこと、運用面でも第3国経由で危険地域に入国する国民を止められないことなどから、立法作業は頓挫してしまった。

2008年には、2年間以上を費やして起草した『インターネット上の有害情報から青少年を守るための法律案』を通常国会に提出するべく奮闘していた。自殺、家出、売春、違法薬物販売、殺人や暴行シーン描写などの関連サイトを規制し、18歳未満の青少年が利用するパソコンや携帯電話についてはフィルタリング（有害サイトに繋がらない措置）をかけることを義務付け、学校における情報モラル教育を推進することも盛り込んだ超大作の法律案だった。

議員立法作業に着手した時から覚悟していたことだったが、情報通信業界の猛反対に加えて、インターネット上では私の落選運動まで展開されており、脅迫や嫌がらせの電話も多く、まさに地獄の苦しみを味わった。

憲法第21条が規定する「表現の自由」（知る権利を含む）と「通信の秘密」がネックになった。最も辛かったのは、保護者団体からの反対意見で「有害情報であっても、子供にも『知る権利』があるはずだ」というものだった。

これが政治的には決定打となり、与野党協議を経てようやく成立した法律からは全ての義務規定と罰則規定が削除され、全く実効性のない法律が1本増えただけの結末となった。

2011年には、外国資本による水源林の買収を防ぐ為に『森林法改正案』を書いたが、党内審査や他党との調整の中で、第29条の「財産権」との関係で慎重意見が出て、何度も書き直した。最終的には骨抜きの内容になって成立した。

2012年に自民党の党議決定を経て国会に提出したものの衆議院解散で廃案となったままだった法律案があった。10年の時を経て2021年の通常国会に再提出しようとしていた『刑法改正案』だ。

現行の『刑法』第92条では、「外国の国旗損壊等」については「2年以下の懲役又は20万円以下の罰金に処する」とされている一方、「日本の国旗損壊等」については何の規定も無い。諸外国の法律を調べると、日本と正反対で、「自国の国旗損壊等」に対する刑罰の方が「他国の国旗損壊等」に対する刑罰よりも重くなっている。

本書第1章の冒頭に、国の究極の使命の1つとして「国家の名誉を守り抜くこと」を記した。私は、日本の国旗であれ、外国の国旗であれ、損壊等の行為は、「国旗が象徴する国家の存立基盤・国家作用を損なうもの」であり、「国旗に対して多くの国民が抱く尊重の念を害するもの」だと考えた。そこで、外国国旗損壊等と全く同等の刑罰を盛り込んだ日本国旗損壊等の罪を新設する『刑法改正案』を起草した。

この法律案については、憲法第21条が規定する「表現の自由」の侵害だと、インターネット上での批判が多かった。それならば、「外国の国旗損壊等」に「2年以下の懲役又は20万円以下の罰金に処する」としている現行『刑法』は、「表現の自由」を侵害していないのか、と反論もしたいところだった。

それでも日本維新の会が早々に党議決定をしてくれたので、共同提出を考えた。しかし、衆議院選挙の年に国民の皆様が反対しておられる法律案を無理して提出することに党幹部が慎重だったのか、「他党も含めた賛同を得られなければ、提出は認めない」ということになり、見送ることになった。

この他、本書にも記した通り、サイバー攻撃に対処する為の法制度整備についても、憲法第21条の「通信の秘密」や憲法第9条との関係を整理しなければならない。

時代のニーズに応えられる「日本の心を持った、日本人の手による、新しい日本国憲法」を制定することが、政治家として最大の目標だ。

それが、「今を生きる日本人と次世代への責任」を果たす道だと考えている。

安定的な皇位継承の在り方について

本書では、経済政策を主に取り上げたが、「日本を美しく、強く、成長する国」にする為には、勿論、経済力だけではダメだ。文化や伝統の力も重要だ。

序章でも述べた御皇室の存在は日本人にとっての誇りであることは言うまでもない。また、世界に誇れる優れた戸籍制度を否定し、夫婦親子を別氏《べつうじ》にしてしまう夫婦別氏推進論についても、私は常に積極的にその課題を指摘してきた。

残念ながら、本書では、紙幅の関係もあって、それらの問題について十分に記すことができなかった。この問題については、最近の雑誌（「正論」2021年6月号『「夫婦親子別氏戸籍」より自民党は公約実現を』、2014年8月号『私が伝えたい天皇・皇室のこと 政治家として知った国家の深奥』）などでも私見を公表している。

御皇室の問題については、現在、「安定的な皇位継承の在り方を検討する第8回有識者会議」（座長・清家篤日本私立学校振興・共済事業団理事長）が定期的に開催されており、皇族の数を確保する為、（1）女性皇族が婚姻後も皇族の身分を保持する、（2）皇族の養子縁組を可能にし、男系男子が皇族となれる、の2案を中心に議論が進められている。私は、「皇族の養子縁組を可能にし、男系男子が皇族となれる」案を基本的に支持しているが、有識者会議の結論を注視していきたい。

結びに、本書の出版にお力添えを賜ったワック株式会社の仙頭寿顕様をはじめ、御指導を頂いた全ての皆様に、深く感謝を申し上げる。

資料提供者・ヒアリング協力者（順不同）

ハーバード大学経営大学院　教授　竹内弘高様
イェール大学　名誉教授　浜田宏一様
東京大学　副学長・工学系研究科教授　坂田一郎様
東京大学　工学部長　染谷隆夫様
京都大学大学院　教授　藤井聡様
チューリッヒ大学　金融研究所フェロー・明治大学　客員教授　本田悦朗様
神戸大学大学院理学研究科　教授　木村建次郎様
東京財団政策研究所　研究主幹　森信茂樹様
明治大学政治経済学部　准教授　飯田泰之様
駒沢大学経済学部　准教授　井上智洋様
紀尾井町戦略研究所株式会社　代表取締役　別所直哉様
日本電子株式会社　代表取締役会長兼ＣＥＯ　栗原権右衛門様
日本電子株式会社　経営戦略室・秘書室長　横山敏治様
ファナック株式会社　代表取締役社長兼ＣＥＯ　山口賢治様
ファナック株式会社　専務取締役・ロボット事業本部長　稲葉清典様
ヒルトップ株式会社　代表取締役副社長　山本昌作様
イグレック株式会社　理事（元ＡＴ＆Ｔアジア太平洋社長）　八剱洋一郎様
楽天メディカルジャパン株式会社　副社長　前田陽様
株式会社ディー・エヌ・エー　代表取締役会長　南場智子様
株式会社ディー・エヌ・エー　代表取締役社長兼ＣＥＯ　岡村信悟様

元Google日本名誉会長　村上憲郎様
大和総研　専務取締役・チーフエコノミスト　熊谷亮丸様
ボストンコンサルティンググループ　パートナー　平谷悠美様
ブラックストーンジャパン　シニアアドバイザー　長谷川榮一様
ブラックストーンジャパン　プリンシパル　藤田薫様
ブラックストーンジャパン　マネージングディレクター　林朋子様
NewStories代表・元総務大臣補佐官　太田直樹様
RICEACA SECURITY　取締役CEO　木村廉様
RICEACA SECURITY　CTO　黒米祐馬様
公益社団法人ソーシャルサイエンスラボ　専務理事　川井徳子様
内閣官房、内閣法制局、内閣府、財務省、総務省、法務省、公安調査庁、文部科学省、防衛省、経済産業省、資源エネルギー庁、経済産業研究所、農林水産省、環境省、国土交通省、気象庁、厚生労働省、国立国会図書館、日本税理士政治連盟の皆様

参考資料・引用文献

『第6次エネルギー基本計画』（素案・2021年7月）
『情報化社会の進展がエネルギー消費に与える影響（vol.1～vol.3）』（科学技術振興機構）
『日本よい国』（山田宏著）
『日本経済新聞』『読売新聞』『日経産業新聞』『ワシントン・ポスト』『月刊新医療』
『松下幸之助発言集第三巻』

高市早苗（たかいち　さなえ）
1961年（昭和36年）生まれ、神戸大学経営学部卒業、（財）松下政経塾卒塾。米国連邦議会Congressional Fellow、近畿大学経済学部教授（産業政策論・中小企業論）を歴任。
衆議院では、文部科学委員長、議院運営委員長等を歴任。自由民主党では、政務調査会長（２任期）、日本経済再生本部長、サイバーセキュリティ対策本部長（２任期）等を歴任。内閣では、通商産業政務次官、経済産業副大臣（３回任命）、内閣府特命担当大臣（３回任命）、総務大臣（５回任命で史上最長在職期間を記録）を歴任。現在は、衆議院議員（８期）、自由民主党奈良県第２選挙区支部長。著書に『アズ・ア・タックスペイヤー』（祥伝社）、『サイバー攻撃から暮らしを守れ！』（編著・PHP研究所）などがある。

美《うつく》しく、強《つよ》く、成長《せいちょう》する国《くに》へ。
私《わたし》の「日本経済《にほんけいざい》強靭《きょうじん》化《か》計画《けいかく》」

2021年９月22日　初版発行
2021年10月４日　第７刷

著　者　高市 早苗

発行者　鈴木 隆一

発行所　ワック株式会社
東京都千代田区五番町 4-5　五番町コスモビル　〒102-0076
電話　03-5226-7622
http://web-wac.co.jp/

印刷製本　大日本印刷株式会社

ISBN978-4-89831-852-2